국립중앙도서관 출판예정도서목록(CIP)

나는 장화가 없었다 : 고보희 시집 / 지은이: 고보희. --
서울 : 문학공원, 2015
p. ; cm

ISBN 978-89-6577-151-7 03810 : ₩10000

한국 현대시[韓國現代詩]

811.7-KDC6
895.715-DDC23 CIP2015024867

문학공원 시선 101

나는 장화가 없었다

고보희 시집

문학공원

시집을 내며

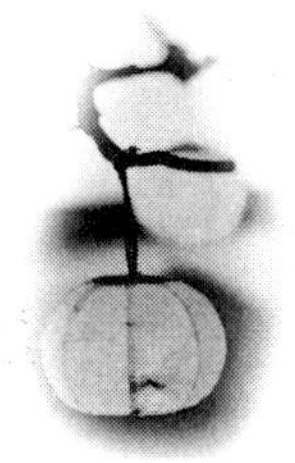

또 시집을 낸다
두 번째 시집이자 마지막 시집일 것 같다
앞으로 또 시집을 낼 수 있을 런지는 모르겠다
배우지 못함이 원망스러웠는데
뒤늦게 공부하는 시간은 나에게 꿈길 같았다
그리고 시를 만나 정말 행복했다
시는 나에게 탈출구였고 친구였으며 사랑이었다
시를 통해 만난 고향은 여전히 나를 안아주었고
가난은 행복으로 다가왔다
시 속의 가족들은 나에게 힘이었고
시 속에서 만난 자연은 스승이었다
나를 아는 모든 사람들에게
고맙다는 말을 전한다

2015년 가을

고 보 희

차례

Chapter 1

큰소리치는 이유

Chapter 2

아름다운 눈물

Chapter3

그림자를 붙잡다

Chapter 4

포도나무에게 사과한다

Chapter 5.

작품해설

Chapter 1.
큰소리치는 이유

자동차와 음악

나는 안방에도 못 들어가고
오솔길도 못가고 쉴 곳이 없어도 못가고
눈만 오면 벌벌 떤다

너는
연회석상에서나 도로에서나 집에서나
아이들부터 노년층까지 함께 하니
언제나 신바람도 나고
외롭지 않을 거야

나는 언제나 너에게 질투를 느낀다
내 주인은 나와 둘만의 시간이면 꼭 너를 불러들인다
나를 깔고 앉아 신바람이다
핸들을 악기삼아 쾅쾅 강약조정하며
나의 신음을 듣지도 못한다
며칠 전 후진으로 차고에 들어가는데
주인은 너에게 흠뻑 빠져 나의 경고음도 듣지 못하고
그만 셔터기둥에 덜커덕 내 옆구리 부상시켰다

보이지 않는 너에게 손발 다 들었다

나도 무임승차로도 언제나 대접받는 너처럼
음악이 되고 싶다

바닷가 풍경

해풍이 잠자다 일어나
그네를 타고 논다
물은 하얀 거품 물고 뭍으로 밀려와
바람의 노리개가 된다
잔챙이 물고기들은 지구가 흔들리는 줄 알고
작은 몸 깡충깡충 도망치다가
비린내에 민감한 괴한에게 물려간다
다이빙한 갈매기는 뾰족한 입으로 콱 물고
약속이나 한듯 무리지어 훌쩍 날아오른다

하얀 무법자들을 쳐다보며 환호성치는 나그네들
카메라 셔터를 찰칵찰칵 눌러댄다

무슨 잘못을 했다고 내게

우리 동네가 재개발을 한단다

그가 30년 묵은 뿌리를 뽑겠다고 우격다짐으로 덤벼든다
누구에게도 방해되지 않는 6차선 도로변 우뚝 선 나무
그는 말 못하는 약자를 마구 흔들어댄다
그냥 예전처럼 시원한 그늘
싱그러운 운치 속에 살고 싶다
찬반 숫자 놀음으로 원주민의 목을 조이는 그
안방까지 밀고 들어와 짓밟는
그를 수용할 수 없다
국민의 사대의무 다한 무명초의 가슴이 무너진다

당신에게 무슨 잘못을 했다고 내게 이러는 거요

함부로 덤비는 그를 몰아내고
평화를 되찾을 수는 없을까

이태리타올

숨어있는 불순분자들 모두 색출하라!
수사관이 들이닥쳤다
모두들 벌거벗겨진 채 물고문을 당한다
납작 엎드려 숨었던 그가
비명을 지르며
힐끔힐끔 하수구로 도망간다
늘어진 뱃살의 아줌마는 표적수사선상에 올라있다
날씬한 아가씨를 만날 때면
일을 해도 날아가는 기분이다

한국국적을 가지고도
이태리 국적인양 위장한 그는
누구도 밀입국을 방치하지 않는다
소원이 있다면 뽀송한 나라에서 쉬는 일이다

마스크

한겨울, 코가 내란을 일으킨다
그녀는 서둘러 가면을 쓴다
나의 존재를 부각시키자
사람들은 그녀를 잘 알아보지 못한다
사람들은 그저 내가 얼굴을 가리는 못된 사람인줄 안다
내가 하는 일을 너무 모르는 것 같다
나는 도둑질이나 가면무도회에 참석을 위한 사람이 아니라
당신들의 건강을 지켜주기 위한 의사
그녀가 영하의 날씨에 운동을 한다고 테니스장을 누빈다
숨이 찬 모양이다
입김 서린다고 나를 내동댕이친다
싸늘한 공기에 들숨날숨 얼어붙는 습도
헉헉 후후 자체에 옹달샘이 생긴듯
벌겋게 얼어 콧물이 줄줄 흐른다

나를 무시한 그녀는 이비인후과 다니느라
귀한 시간 헛되이 한 계절을 보내야 했다

쌍둥이의 불만

너와 나는 쌍둥이 시샘하는 왼손 바른손
같은 주인 섬기는데 왼손은 불만이 많다
오른손은 펜대만 잡고 공부에 열중
수저도 너만 들고 나는 소외된다
지인과 만나도 악수하는 것은 너
짙푸른 나무 그늘에서 테니스 라켓 휘익휘익 흔들며
새벽 공기 가르는 신선한 운동을 하는 것도 너
경기 중 겨우 몸을 지탱하며 보조만 하는 왼손이다만
내가 없으면 너도 할 수 없는 일이 너무도 많지 않을까
지폐를 셀 때도 내가 없으면 어떻게 하지
봄가을에 화분을 옮길 때도 그렇고
그런데 내 주인은 왜 나만 혹사시키는 것일까
무슨 일좀 하고 나면
왼팔인 내가 더 아프니 말이다

배추 한 포기

지난 팔월 초순, 여린 배추 모종을 사다가
군데군데 화분에 심어놓았다
제한된 공간에 갇혀서도 튼실하게 뿌리내린 배추
어느 날 힐끗힐끗 쳐다보니
신음 소리가 들리는 듯하다

허기진 배를 졸라 맨 허리띠
진물 나는 가슴
아파도 참아야 한다
안으로 안으로 내실을 다지며
상처를 다독이며 견뎌온 세월
차츰 의젓하게 똘똘 뭉친 한 가족이 되었다

나처럼 제한된 삶이란 것을 알고 있을까
그래도 가족을 위해 행복한 꿈을 꾸어야지

큰소리치는 이유

하루가 시작되는 새벽에 담장을 넘어온 신문
대충 주요 기사 훑어보고 책상에 놓아둔다
오후에 찾으면 벌써 소식지에서 폐지의 신분으로 하락
반듯한 모습을 잃은 채 나에게 구원을 청하고 있다
신문으로 보는 눈과 폐지로 보는 눈이 한 지붕 두 가족
부수입을 노리는 도우미에게 멱살 잡혀 숨죽인 채 엎드려 있다
인간의 삶과 신문의 삶은 피장파장이다
태어나기까지의 설레임은 대단했다
태어나 하루는 전승기라고 생각하겠지만 그것은 그의 희망일 뿐
세상사는 냉혹한 것
언제 호외가 나와 뒤통수를 한 방 먹일 런지 모른다
그래도 하루살이 인생의 그가
큰소리 뻥뻥 칠 수 있는 것은
날마다 새롭기 때문이다

연하장

건강과 성공을 기원합니다
그가 우체부와 함께 찾아와 대문을 두드렸다
생후 처음 만나는 그는 너무나 멋졌다
보낼 사람이 없는데
누가 그를 보냈을까
그는 나를 알아보아도 나는 그를 모른다
주소를 어떻게 알았지
십 여일 후 부러움의 대상인
안집 외동딸이 보낸 것임이 알려졌다
그가 맺어주어 수 십 년 이어진 우정
세상 보따리를 다 풀어 놓을 수 있는 형제애
지금까지 그와의 인연이
언니 동생으로 이어지고 있다

배추

생이 끝나면 흙과 한 몸이 될 그들은
흙을 벗어나면 생의 끝이다
의붓자식에게 소금을 먹여 죽였다는 기사가 생각난다
한 계절 흙에서 살던 그들은
짠순이에게 기가 꺾여 후줄근하다
입동은 그들의 생사를 갈라놓는다
어제와 달리 연거푸 냉수 목욕을 한 후
낯선 광주리에서 휴식을 취한다
붉은 꽃가루와 알몸의 마늘 파
동반자 격인 무와 밀착되어
이리저리 뒤집히고 버무려진다

어리둥절
우리들의 이름은 뭐지

테니스코트

그는 만인의 연인
오늘도 그는 나를 기다린다
그를 만나면 상큼한 하루가 시작된다
황토 무대에서 그와 서로 밀착하며
튀는 공을 좇아 헉헉댄다
질투하는 상대를 한방에 밀어붙인다
그는 내편도 그편도 아닌 고집불통이다
순수한 그가 삶에 활력소 건강의 후원자
그와 함께 할 수 없는 날이
창문 밖에서 대기 중인 것 같아
허공을 응시한다
언제까지나 그를 만날 수 있을 런지

수석, 불려가다

팔당 댐 인근 물 맑은 마을에 살던 그가
수석 애호가 눈에 들어 반항도 못한 채
승용차 트렁크에 실려 서울로 향한다
거실에는 먼저 온 녀석들이 좌대에 앉아 내려다본다
이삼차 인물 심사에 낙방 앞마당으로 쫓겨났다

그곳은 삶의 터전이었어
서로 부딪히고 깨어져도 하얗게 웃으며 살았지
아픔을 씻겨주는 개울물이 있었거든
엄마 같았던 고향 개울물

잡혀와 먼지 속 눈비 맞으며 고향을 그린 지 수 년
외면당한 채 살아온 쓸모 없는 삶을 살아온
그가 오늘 모처럼 불려갔다
김장배추를 숨죽이는 일일 감독관이 되었다
두툼한 줄기에 소금 뿌려 하룻밤을 재운다
그처럼 잡혀온 푸른 배추의 기를 눌러야 한다고
그더러 꼼작 말고 앉아 있으란다

항아리

나의 전직은 김치국 씨를 고문하는 고문관이었다
내가 가둔 김씨들 중 몇은 얼어죽었고
세간에서 나는 악명이 드높았다
그들이 한꺼번에 죽어버릴까 걱정돼
나는 겁이 덜컥 나 두툼한 담요를 준비했다
나는 감나무 옆에서 볏짚 모자 쓰고
한겨울 내 보초를 서기도 했다
그러다 김치냉장고가 출시된 후 나는 설자리를 잃었다
이젠 무슨 일이고 시켜준다면
경비도 좋고 허드렛일도 좋다
사람들은 나를 집안으로 못 들어오게 하면서
추녀 밑에 세우고 박대했다
내 울화를 씻어주는 것은 소낙비뿐
아무리 윙크해도 쳐다보는 이 없다

내가 어떤 사람인줄 정말 모르나 보다
에이 이참에 진품 명품에나 나가볼까

주일 특전 미사, 혹은 어미

당고개 성지로
삼대가 함께 나를 만나러 올 때는
서로 따로따로 데면데면 오더니
귀갓길에는 모자간에 삼대가 손을 잡고 간다

육아 문제로 사직서 운운할 때
사직서 못 내게 두어 시간 설득한 나
어미 품 그리며 칭얼대던 남매에겐 내가 죄인이었지
15년 후쯤 너는 무엇을 할 것인가 생각해보라
자식에게 너의 전 생애를 바치는 것은 아닌 것 같다
두어 시간 어미의 설득에 사직서 거두고
지금은 대학생 아들딸을 둔 다복 한 가정
아직 현직에 있는 여식 너희들이 있기에
이 어미는 보는 것만으로도 흐뭇하다

이십 여 년 전
연년생 아이 떼어 놓고 출근길로 향하던 그녀와
문 꼬리 잡은 채 울먹이며 학교로 향하던 그가
오순도순 나를 만나러 왔다
덤으로 웃음 짓는 나를 발견한 행운의 순간이다

빌미 제공자

오랜만에 시내버스를 탔다
손잡이를 잡고 흔들거리는 나를 힐끗 본
파란 눈의 외국인 중년부인이 자리를 양보한다
목례를 하고 앉으려는 순간
재빠른 숙녀가 먼저 앉는다
주위의 어색한 눈빛들 그에게 꽂힌다
자리을 차지한 그녀는 대학생인듯
휴대폰의 포로인양 친구와 잡담이 한창이다
차라리 양보가 없었으면 했다
나라 망신의 빌미를 제공한 사람은 네가 아닌 나다
목적지에서 내리며 그와 서로 목례를 한다
가정교육의 실체가 어디까지 무너진 것인가
휴대폰이 문제 일까 기성세대의 불찰일까
그는 멀리 가는 길이었는지 손잡이를 잡고
그 자리를 떠나지 않는다
씁쓸했던 어느 날 오후
잊혀지지 않는 부끄러운 기억에
아직도 뒤통수가 가렵다

벽

그는 아량이 넓은 사람이다
누구든 자기에게 기대라고 어깨를 내어준다
그는 욕심이 없는 사람이다
자기 영역에서 안과 밖을 넘나들게 한다
그를 단절의 대명사로 보는 것은
그의 하는 일을 몰라서 하는 말
그는 가구 책상 안아주고
번듯한 얼굴을 가리고 산다
그가 묵묵히 살고 있는 것은 인심이 후해서지
말을 못해서 가만히 있는 것이 아니다
그에게도 소원이 있다
더 늙기 전에 몸치장도 하고 싶고 나들이도 가고 싶다
요즘 아이들이 입는 짧은 바지가 그에게도 어울릴까
여행도 가고 싶고 친구도 만나고 싶은 그
옷을 마음대로 갈아입을 수 있다면
색다른 삶을 살아보고 싶겠지

수전증

조금 전 떠오른 시상이 순식간에 숨바꼭질 한다
펜대만 잡으면 더욱 떨리는 손
반성을 해 본다
누구에게 어떤 잘못을 해서 일까

건망증이 심해서인지 알쏭달쏭 하다
나로 인해 마음이 상한 사람이 많아서
벌을 받는 것은 아닌지 머리가 무거워 진다

훼방꾼은 보이지도 않고 말도 없다
정신이 있는한 펜을 놓을수는 없는것
환경이 변해도 나의 생활은 누구의
간섭도 받지 않을거야
아직은 펜을 놓을 수는 없는 것

정신이 있는 한 최선을 다 해 보련다
시를 구상하며 쓸 수 있을 때 까지
그것이 오래 지속되기를 희구 하며

발자국

2월 하순 새벽
새벽기도를 가려고 현관을 나선다
앞마당에 백설이 나를 반기는 듯
어둠을 꿀꺽 삼키고 윙크를 한다

오, 오래간만이구나
겨우내 너희들을 못 보는 줄 알았지
예전만 못한 동장군의 기세
그들마저 늦장을 부린다

조심조심 목적지에 들어서니
성모상은 흰 옷을 걸친 채 윙크한다
잠꾸러기는 어디서 이 기분을 맛볼 수 있을까
뒤돌아보니 새하얀 발자국들이 나를 따라와 있다

지금까지 나를 데리고 다닌 사람은 나였구나

굽 높은 구두

오랜만에 신발장을 정리한다
굽이 높은 것도 아직 남아있다

언제 불러 주려나 고대했는데 퇴출이란다
왜 다리 짧은 그녀들만 예뻐하는지
묵묵히 기다린 죄밖에 없는데 억울하다
다리 긴 것이 무슨 죄가 된단 말인가
아픈 데 없이 생생한 그녀들
퇴출 소식에 아우성이다

구석에 있는 남자들도 벌벌 떨고 있다
바바리코트 깃을 세운 가을나들이는 아니라도
낙엽 흩날리는 아스팔트라도 밟아봤으면 좋겠다

왔다가 간다

맑던 하늘이 우중충해지니
젖을 막 뗀 젖먹이 아기처럼
조리에 담긴 물을 거부하던 식물들은
멀리 있는 흐린 하늘의 물기마저
희망으로 머금고 있다
목마름에 지친 그는
서 있기에 비좁은 자신의 땅을 한탄하기도 하였고
먹을 것을 주러 온 주인에게 안 먹겠다고 투정도 부렸다
잎사귀 하나 하나 정성껏 닦아주며
조심조심 천천히 먹여주어 겨우 달래 놓았더니
먼지로 뒤덮인 하늘이라도
손님으로 올 비 소식에 밝게 웃었다

하늘만 바라보던 나의 죄책감은
잠시 접어 두어도 좋다
혹시 작년처럼 비갠 후 더워진 어느 날 걸린 여름 감기로
죗값을 대신하려나
내 몸과 마음은 무겁고 무겁다

비는 왔다 갈 것이지만
나는 당분간 이 자리에 있을 거다

Chapter 2.
아름다운 눈물

높은 곳에 사는 시

오늘은 자식들을 만나는 날이다
정오가 되자 하나 둘 문턱을 넘어 들어온다
유학 입대 외곽지대에 사는 등
삼대가 모이기 어려운 여건에도 모두들 모였다
점심은 저마다 각각 마련한 음식라다 맛도 제각각이다
딸이 새로 산 메이커로 내린 냉커피를 내오고
밀린 대화가 한참동안 어우러진다
시간은 왜 이리 쏜살같이 달아나는 걸까
힐끔힐끔 시계를 본다
아이들 과외공부를 보내야 한다며
기말고사 때라며 썰물처럼 빠져나간다
들어올 때는 좋은데
나가는 뒷모습은 보고 싶지 않다
나 스스로 삶의 질을 높이고 자식들을 놓아주자
혼자 중얼거린다

모두들 떠나고 음악과 시만 남았다
외로움을 극복하는 것은 음악과 시를 친구 삼아 사는 것
그러나 시는 왜 그렇게 높은데 계시는지

결례

생각과 행위는 일치하지 않는다
내 자신을 반신반의한다
우왕좌왕하며 용단을 못 내린다

푸른 시절과 달리 동행 없이
스스로 운전하며 서울을 벗어난다는 것
장거리 초행길 용기가 나지 않는다

망설임 끝에 저울추가 꺾인다
세월은 사람의 기를 추락시키는 듯
마음과 행위는 별개 인듯하다

삶의 무게에 눌려 납작 엎드린 나
필히 참석하여 고인의 명복을
빌어드렸어야 할 것을
예를 지키지 못하여 가슴이 무겁다

김순진 교수님 부친상에
염치없는 하소연이다

시

잠을 자고 있는데 그가 문득 나를 불러낸다
나는 엉겁결에 따라 나갔다가 후회를 하고 들어온다
내 탓이요 내 탓이요
자신을 돌아보는 순간 가슴을 친다
방학 동안 느슨히 풀린 생활 습관
다시 책상에 앉는다
시간 배분을 잘할 것으로 알았으나
벌써 어영부영 달력 한 장이 넘어갔다
몸과 마음이 제각각 따로 놀고 있다
몽롱한 정신은 안개 속에서 꾸벅꾸벅 졸고 있다
수십 년 지속된 규칙적 생활이 서서히 꼬리를 내린다
다시 용기를 내 보자
내 자신에게 채찍을 들어본다
건망증의 고공 행진은 변함이 없다
체력은 고갈되어 작년이 옛날 같다
진퇴양난이란 말은 이런 때 쓰는 말인가 싶다
시와 사랑은 내버려두면 달아난다

전구

밤에 갑자기 전기가 나간다
온 집안이 암흑이다
손전등을 동원하여 차단기를 점검해본다

원인은 전구가 나갔다
그동안 하찮게 여겼는데
네가 그렇게 소중한 일을 한다는 것을
새삼스럽게 느꼈다

아무리 작은 것이라도
있어야 할 자리에서 제 의무를 못하면
전체 큰일을 수행할 수 없고
우리의 삶은 고하를 막론하고 모두 지장을 받는다

어떤 사람도 그 가정에서는
없어서는 안 될 사람이다

신발

한 집에서 살고 있는 그들
평상시에는 오순도순 잘 어울려 산다
아침이면 바쁜 친구도 있지만
집에서 졸고 있는 애들이 더 많다
그들은 아직 새파란 청춘인가보다 가슴을 친다
어떤 이는 바쁜 일과에 쉴 새 없이 불려나가지만
나는 일거리가 없어 소외감을 느낀다

그가 다른 친구에게 전화를 한다
나 여기서 타출해야 겠다
알아봐줘 적성에 맞지 않아 졸음이 온다
한때는 사장님의 사랑을 받았는데 배신이야
근래는 내가 싫어 졌는지 눈길도 안 준다

부엌

세상이 아무리 변했다고 해도
제일 많이 변한 것이 그가 아닌가 싶다
주부들에게 늘 사랑받았던 그도
제때 연탄을 갈아 넣지 못하면
냉방에서 오들오들 떨며 숯불을 피웠었다
대부분 직업여성이 된 요즘 시대에
그는 저만치 밀려난 뒷방 늙은이 신세였다
그렇게 잘 보이지 않는 뒤쪽에 있던 그가
당당히 거실과 마주보이는 곳에서
한 살림 차린 것은 얼마 전의 일이다
연탄 총각의 비위를 맞추든 시절은 옛말
수줍어 얼굴 가리고 살던 그는 이제
육아와 취미생활을 척척해내더니
게다가 재택근무라는 직업까지 가졌다
사람 팔자 정말 모른다더니
상팔자 된 그가 부럽다

약속한 그
- 詩

나는 그를 사랑한다
그런데 그는 늘 내게 멀어져가려 한다
그래도 나는 자꾸만 다가서고 싶다
그러나 그의 곁에서 함께 하기란
산 넘어 산이다
짝사랑을 한 지도 수년이 흘렀지만
그의 내면의 실상은 어디까지인지
격이 높은 그와 친해지려는 욕망은
분수에 넘는 일인지 반성해본다
계속 문을 두드리면 열리려는지
포기할 수 없는 그
모든 것 내려놓고 명상에 잠긴다
멀리 있는 그를 내 곁으로 초대해본다
이제 나는 그가 없으면 무의미한 삶
그가 얼른 바짝 다가와
내 손을 잡아주었으면

국립중앙박물관 기행

용산에서 살면서도 못 가본 용산 국립중앙박물관으로 향한다
일행 중 일부는 공원에서 손을 흔들며 반긴다
나에게는 분에 넘치는 기분 좋은 날이다
선조들의 기묘한 발상의 작품들 고고한 재능
수백 년의 역사가 현실로 재현되는 순간순간
일본으로 빼앗기지 않고 잘 보존된 보물들
야외 학습을 겸한 일일 여행
숙제 시 차례차례 낭독하는 야외교실
돗자리에 푸짐한 먹거리는 나 좀 봐요
교실보다 정겨운 야외 시낭송 가을 축제
삶의 보람을 느끼는 시 한 수
내 역사의 한 페이지가 넘어가고 있다

학기 끝난 후

물고기가 물에서 튕겨나왔다
어떻게 길을 찾았을까
방향은 아는데 길이 없다
그날부터 어디로 가야 할까
건망증은 나를 옥죄고
이웃 또래와는 이상이 맞지 않는다
선생님과 교우들을 못 만난다
엄마를 그리며 칭얼대는 아이를 연상케한다
스승과 제자 우리 반 교우님들
냉철함과 강인한 면이 있을 것 같지만
여러 교우님들의 영역에서 벗어나야 한다는 것이
너무 섭섭할 것 같다
그렇지만 시를 계속 쓴다는 것은 망설여진다

수능 시험

나는 어제 수능 시험을 보았다
낯선 학교 낯선 교실
대체적으로 문제는 쉬웠으나
펜대 잡은 손은 벌벌 떨렸다

알쏭달쏭한 문제들 뒤로하고
아는 것부터 우선순위로 처리했다
숨소리 죽여 가며 한 문제 한 문제 풀어나갔다
여러 과목 중 수학은 호랑이
영어는 이방인이었다

책상을 베개 삼아 엎드려 졸던 나
시험 끝내고 나오니
교문 밖에서 묵주기도를 하고 계시던 어머니
시험 잘 봤니? 물으신다
잘 했거나 못 했거나 당분간 해방이다
한동안 시험에 들지 않게 해주시니 감사하다

모두 내겐 꿈같은 이야기다

내 것과 남의 것

카운터 시계는 오후 7시를 지나고 있다
탕 안으로 들어가 본다
손님 없는 빈 탕이다
냉탕 온탕 열탕
맑은 물은 욕조마다 가득하다
쓰다 남은 비누는 퉁퉁 불어 뒹군다
낮과 같이 밝혀 주는 수십 개의 전등
냉탕 온탕 열탕 저 맑고 깨끗한 물을
하수구로 흘려보내야 한다
한강에서 놀던 물이 이리저리 오르내린다
격이 높아진 물이 통곡하며 하수구로 밀려난다
목욕탕에 들어오는 물은
곧 하수구로 흘러 내려가는 수가 많아서 운수가 좋지 않다
냉수도 아닌 온수 외화가 굴뚝으로 날아가는 것을
손님들은 아는 걸까 모르는 걸까
과소비하는 경향을 줄였으면 좋겠는데
내 것과 남의 것의 차이가 너무 크다

>

대중을 상대하는 평생 사업을 하는

애로의 하소연이다

물

한강에서 놀던 그들
소대로 호출 당해 제한된 공간에서 자숙한다
차례로 끌려 다니며 출신성분 검사한 후

가파른 파이프통로 오르락내리락 한 후
어둠침침한 탱크에 감금 되어 벌벌 떨기도 했지
그러나 가스 불에 몸을 녹이며 안정을 찾는다

예전 그들의 몸값은 헐값이었으나
신분이 상승한 온수는 으쓱으쓱 그것도 잠간
차츰 순서대로 냉온으로 불리된 그들
캄캄한 통로를 지나 물탱크에 감금된다
대야에 담기자마자 통곡하며 하수구로 직행한다
너와 나의 눈물이 오늘도 이어지는구나
내가 죄인이다 너희들에게 수십 년 이어진 나의 불찰

용서해라
나의 직업인 대중목욕탕을

봄날 테니스장

봄을 장식하는 벚꽃 망울
알몸으로 부끄러운 듯 멈칫멈칫 수줍다
푸른 치마는 아직 제작 중인 듯하다
어느덧 우수수 낙화하는데 뿌리는 말이 없다
일 년에 한번 하는 꽃 잔치
숨 쉬고 대화할 수 있는 것보다
계절 따라 깊은 잠자고 봄이면
새 삶을 시작하는 그들의 지혜 자연의 이치
그들만의 세계를 알고 싶다
봄여름 가을 겨울 각각의 기분이 어떠한가
같은 종족이 아니어도 이웃이 되고
보이지 않는 뿌리들은 지하에서
서로 얼크러져 영유권을 지키면서 자기 책임을 다 하고 있다
말 못하는 식물도 우리와 같은 공기를 마시고 매일 만난다
눈으로 보며 의사소통하는 듯하다
시원한 그늘을 드리워 주는 산자락
복잡한 세상살이 잠시 잊을 수 있는 지상낙원이다

비 마중

한식날 시골 산소에 성묘하러 갔다
오대 종인들이 모여 한식 차례를 지낸다
도시를 벗어날 수 없는 생활에
봄비 맞으며 연중행사인 성묫길에 오른다
경기도 화성 목적지에 도착하니
숙연해지는 분위기다
새봄이 마중 나와 힐끔힐끔 눈웃음을 친다
아들딸과 형제들 야외 모임 같았다
기다리던 비였지만 그 순간에는
좀 피해 주었으면 하는 간사한 마음이 발동한다
성묘 후 산에서 잠깐 커피타임을 갖는다
풀지 못 한 이야기보따리를 입에 싸매고
각자의 차에 올라
아쉬운 눈웃음으로 대신한다

고양 국제꽃박람회

한적한 일산의 공원에서 비와 함께한 꽃 박람회
어디에서도 볼 수 없었던 꽃작품들로 붐볐다
세상 모든 것이 재료가 되어 창조된다고 하지만
꽃으로 만든 만물이기에 가까이 자리 해줬다
어디 꽃이름을 외워가며 그들을 바라본 적이 있던가
그저 작가의 의도는 관심 없고
대기의 신선한 공기와 꽃향기가 좋았을 뿐
동기생들과 선생님 따라 간 바에야
순진한 학생 소풍 나온 기분에 들뜨기는 했다
보슬비가 싱그럽게 내리던 날의 야외수업은
쓸쓸한 내 마음에 위로가 되었다

내 몸은 최근 몇 년째 병의 박람회를 열고 있지만
나는 지금 80년째 사랑의 박람회를 열고 있는 중이다

온몸으로의 기도

- 꽃동네로 간 할머니[1]를 위하여

슬픔에 절어 눈이 흐려진다
후들후들 외다리로 세월의 강을 건넌다
저승으로 내려가는 길목
지팡이 자식 삼아 흘러온 꽃동네
월세방 손때 묻은 블록들 훌훌 털고
동정의 눈길로 바라보는 이웃과 작별 한 후
생소한 삶 시작되었다
썩는 냄새 때문에 코를 막아야 하는 방
온기 없는 복도에서 힘겨운 잠을 잤다
한겨울 지나 다시 겨울 올 즈음에야
모든 갈등 벗어버리고
당신보다 낮은 곳으로 마음 열게 되었다
구겨진 기저귀 손다리미로 정성껏 구김살 펴고
나에게는 이것이 필요 없이 살다 가게 하소서
마음속으로 수천 번 되 뇌이면서
팔순 넘어 알게 된 신앙 어두움을 밝힌 작은 촛불
저 외로운 숲속 길에서 슬기를 깨친 이여
지폐 몇 장 쥐어주며 거친 손 마주 잡았다
의족에 몸 실고 손 흔들며 배웅하는 당신

---

1) 정이 듬뿍 든 옛 가정부 할머니

녹음에 묻힌 산허리 돌아 무거운 걸음 옮겼다

왕따

서 있는 사람이 더 많은 퇴근길 지하철
경로석에 털썩 앉은 청소년
곱지 않은 주위 시선 인식 못한다
핸드폰을 들여다보다가 맥을 놓고 표정이 굳어진다
휴지도 없이 코를 푼다
그 소리에 주위시선 한 몸에 꽂힌다
어처구니없다는 듯한 표정들
그것을 인식 못하는 아이는
무표정한 얼굴에 초점 잃은 눈동자

왕따당한 학생일까
부티나는 생김새 옷차림 단정한데
넋 나간 모습이 안쓰럽다
매 맞고 갈취 당하고 짓밟혔을까
구렁텅이에서 자식을 구해내지 못한 부모는
얼마나 자책하고 있을까
기성세대의 책임을 느낀다

야외 수업

도심 속의 하늘공원
바람막이도 없고 찾는 이 없어도
스스로 혹한을 견뎌내며
춘풍에 조심조심 싹 우고
청춘 같은 여름 지나
은빛 장년을 맞은 억새들의 축제에 갔다

덜컹덜컹 수레에 실려 가을 속으로
여기저기서 터져 나오는 감탄사들
호들갑 떨지 말고 우리를 짓밟지나 말지
사진 한 장 배경제공하고 불구가 된 갈대
영차영차 안간힘을 쏟고 있네

하늘 아래 돗자리 교실
갈대도 벚나무도 메뚜기도
모두 한 반 학생인 색다른 수업
오늘 하루를 사인펜으로 기록하련다

오천 원 권

나는 새 옷이 오래가지 못한다
오만 원 권은 귀한 몸 금고에서 잠을 청할 수도 있겠지
만 원권은 세상구경하며 동료를 따라간 친구도 많다
나는 아우인 천원권이 부럽다
그는 빳빳하고 윤기나는 옷 재질이 한 수 위
나보다 탄탄한 원단에 빠득빠득 기가 산다
내가 걸친 것은 맥없이 구겨지고 풀기 잃어
지하철이며 자판기 문턱에 걸려 끼룩끼룩
후줄근히 밀려나기 일쑤다
손아귀에 잡혀 침을 퉤퉤 튀기며 숫자도 확인치 않는 나는
애도 어른도 아닌 얼치기
탐내는 사람도 없는 푸석한 얼굴
빨리 늙어 지질이도 못난 내 얼굴
내 잘못은 아니지

아름다운 눈물

- 아침기도 중에

제 몸 녹이며 흘린 눈물
방안 가득한 어둠을 밀어냈네
그 뜨거운 열기에 복종하며
나는 무릎을 꿇네
저를 녹인 아픔 잘도 견뎌디며
발그레 웃고 있네
마음을 닫고 있었다면
암흑을 몰아낼 수 없었겠지

올가미로 다가온 병마에
내 삶은 헛바퀴 돈지 근 20년
어두운 그림자를 몰아낼 수 없는 나
본분을 다하며 아름다운 눈물을 흘리는
네가 부럽구나

우편함

나를 외면 않고 찾아오는 것은 너희들뿐
매월 중순경이면 보고 싶지 않아도
몰려드는 우편함 단골 메뉴 각종 고지서들
점점 고공행진하며 빼곡히 어우러져 나를 기다린다

나는 건망증으로 우왕좌왕 헤매는데
너는 수십 년간 나를 옥죄는 족쇄지
반갑지 않은 메뉴 이름도 생소한 것들
숫자가 늘어 곤장처럼 다가온다

모른 척 외면할 수 없는 것들
내 주머니를 노리고 있는 것들
너희들 때문에 깊어지는 생의 주름
나의 눈은 가재미눈을 닮아간다

두유

나는 신선한 공기를 마실수록
비릿한 냄새를 진하게 풍기며 자랐지요
새파란 새끼들 떨어 질수 없는 분신들
가지에 붙어 있을 때까지는 보기만 해도 힘이났지
싱그러운 옷을 입고 친구들과 춤추며 노래하니
나도 덩달아 신이 났어
내 몸이 부서져 알아 볼 수 없어도
나는 나야
다만 마지막까지 고소함을 잊지 않으며
누구라도 내 마지막 생을 함께해요

Chapter3.
그림자를 붙잡다

성냥 한 개비

12월 초순 기온 급강하에 절전을 호소하는 티브이 자막
아침 주방에 들러 가스레인지에 불을 켜다가
라디오도 없이 살던 옛 생각이 스친다
1948년 월남 후 입은 풀기 말라 바삭바삭 타들어가고
장마철 성냥은 붉은 모자 벗겨져 민둥머리에
축축한 아궁이 불쏘시개도 부실했다
보물 인양 머리맡에 놓고 자던 성냥
불씨 하나 실릴 수 없는 여름날 아침
쌀이 없는 날은 체념이 쉬웠다
습도에 무릎 꿇은 성냥
라이터도 없던 시절 산골도 아닌 인천
성냥 한 개비 없어 물로 배를 채웠다
이웃도 없는 판잣집 우렁이 눈 여덟 개
쌀만 있으면 굶지는 않을 줄 알았는데
물과 쌀 합방시켜도 서로 냉랭히
솥에서 졸고 있었다

볏집을 보며

늦가을, 오랜만에 도시를 벗어났다
멀리 차창 밖에 보이는 시골 풍경
논둑의 볏짚들 일광욕을 하고 있다

옛날의 볏짚들은 이엉으로 변신하거나 불쏘시개가 되어
저렇게 한가하니 일광욕을 즐길 수 없었다

1960년대 중반 경기도 화성군 양감면 대양리
낯선 부엌에서 머뭇거리는 며느리에게
가마솥에 불을 지피라고
볏짚을 한 아름 안아 오시던 시어머님
검불이 불속에서 발버둥치다 잠시 머뭇거리면
아궁이 밖에서 불이 훨훨 타올랐다
깜짝 놀란 새색시 황급히 불을 걷어 넣으며
힐끔힐끔 어머니 눈치를 보며 가슴을 쓸어내렸지
코흘리개 막내 시동생은 볏짚 불에
고구마 묻어놓고 부엌 문턱 넘나들고

바가지

시골집에서 아들집으로 다니러 오실 때면
손수 농사지으신 참깨 콩 잡곡과 직접 만드신 두부 된장 청국장을
양손 머리 위에 도저히 감당할 수 없을 만큼 많이도 가져 오셨던 어머니
자식 사랑이 소중하고 그리워
벌써부터 그 생각만으로도 눈물이 났어
어머님 서울 집에 모셔올 때 영영 없어질 것 같아
화로 인두 다듬이방망이와 함께 미리 가지고 온 바가지 하나
벽의 작은 공간을 묵묵히 지켜왔지
당신 돌아가신지 이십여 년 세월에
어머님 손때 묻은 바가지 하나만 남았는데
남의 식구 두고 살다보니 언제 없어졌는지도 몰랐어
살다 보면 제일 보잘 것 없는 것만 남게 되는 거지
세월가면 모든 게 그리되고 마는 거지
곱게 단장한 새색시의 얼굴에도 알지 못하는 슬픔은 있는 거잖아
아들 녀석 살기 바빠 귀찮게 여길지 모르지만
오늘은 마술을 부려야겠어

바가지를 가족사진 액자 옆으로 옮겨 달아
액자의 사진 속 가족들이 배고프지도 목마르지도 말라고

또 다른 여행

- 동생 고보순에게

목욕탕 수십 년 매표소에 붙들려 생활이 고단했던 그녀가
할일을 다했다는 듯 지리산 무박이일 여행을 떠났다
오랜 병마와 타협 없이 무작정 강행했던 것
몸은 힘겨워도 이상의 나래는 사뿐한 날갯짓이었다

이틀 후 응급실에 실려와 인사불성이 된 그녀
호흡기에 의지한 채 가래 끓는 소리가 병원 천정을 흔들고
다음날 호흡이 차츰 잦아들더니 영영 시간의 흐름을 끊어버렸다
고단했던 삶을 고스란히 내보인 굳어진 발을 쥔 내 마음이
갈기갈기 찢어져도 그녀는 아무 일 없었다는 듯 떠나가버렸다

살아서도 양방과 한방의원을 제집처럼 드나들었던 그녀
휘어지고 뒤틀린 몸쯤은 아무래도 상관없었고
어차피 파리 목숨이었어도 심장박동기가 고장나면
부족한 시간을 쪼개고 쪼개 열심으로 살아내던 그녀였다

생전에 자신의 시신을 의학실험 대상으로 기증했던 그녀의 장지는 산이 아닌 병원 연구실이었다

그녀는 지금 아픔 없는 세상으로 여행 중이다

야밤의 기습

갑자기 다리에 쥐가 난다
어제에 이어 오늘 새벽에도 그가 찾아왔다
갑자기 덤벼든 그가 심한 통증에 두려움마저 엄습한다
사력을 다해 다른 방으로가 도우미를 깨운다
하체에서 상체까지 재침을 당했다
가슴은 답답하고 옥죈다
두들기고 주무르는 손이 무색하게
정신이 몽롱해지며 아찔하다

순간 지난달에 영면한 남동생이 보인다
평소와 달리 무표정한 모습에 말이 없다

얼마나 지났을까
집으로 오려고 간 주차장에 차가 없다
골목을 헤매다 차번호도 잊었다
가는 곳마다 질척질척 차는 엉켜 전복되고
웅덩이만 보이고 길을 잃어 헤매다가
나지막한 벽돌 담장 안에 강금되었다
벽 한 쪽 면에 개름한 사이가 눈에 들어온다
몸을 움츠리고 탈출을 시도하며 안간힘을 쓴다

몇 번의 시도 후 숨을 고르며
억지로 좁은 틈새를 빠져나왔다
동생이 저승사자로 왔구나 하는 생각이 든다
하룻밤 사이에 이승저승을 넘나들었다

나는 아직 할 일이 많아
동생을 따라갈 수가 없다

36개월의 약속

풋내기선장이 뱃길을 잃었다
거센 파도 넘나든다
손님을 가득 태운 배 한 척 사선을 넘나든다
뾰족한 눈화살이 마디마다 박힌다
노를 젓는 팔다리 힘이 점점 빠진다
물집 터진 손, 하얗게 바랜 머릿속
망망대해, 희미한 물체가 선장의 시야에 들어온다
차츰 가까워지는 배
다가가 협상을 한다
손님들을 배와 같이 뭍으로 데려다 주오
도장을 36번 받아야 하는 거꾸로의 계약을 이끌어낸다

매월 삼만 육천 원씩 삼년에 완납한다
그렇게 해서 목욕탕은 우리 소유가 되었다
징표로 남은 작은 수첩
1970년도의 약속 이행 장부
그로 인해 웅크린 가슴을 활짝 펼 수 있었지
빈손으로 다시 시작되었던 아린 시간들이
저녁노을 뒤편에서 빙그레 웃고 있다

전쟁기념관에서

전쟁기념관에 다녀왔다
가라앉았던 앙금을 휘저은 듯
아린 추억의 노예가 된 하루다
돌아가실 때까지 아들이 오려나 하고
문고리를 잠그지 못하고 살다 가셨을 어머니가 보였다
뿔뿔이 헤어진 가족을 생각하며 내 마음에게
살아만 있어다오 안부를 묻는다
이번 이산가족 상봉 때에는
제발 나를 불러 주었으면 좋겠다

국민들은 굶어도 여전히 살생 무기만 준비하는 그들
그곳을 떠나지 않았다면 나는 어떤 모습이 되어 있을까
이미 사상이 불온하다고 총살당하지는 않았을까
이밥에 고깃국 먹으며 김정은 장군님의 덕분에 잘 살고 있
다며
핏덩이 김정은에게 충성을 다하는 할머니가 되어있을까
이북 이남 다 같은 민족인데
부모 형제 38선에 걸려 생사도 모른 채
수십 년 동안 울컥울컥 목이 멘다

나는 장화가 없었다

월남 후 어느 해 1월 1일 새벽
온 동네가 웅성웅성한다
나는 그들을 따라 나선다
휘발유 파이프가 터졌다고 한다
어른들은 장화차림이고 장화가 없던 나는
개펄에 들어서니 고무신은 벗겨져 맨발이 된다
어깨에는 물지게 첫 발을 디디자마자 시리고 저려온다
끝내 발에 감각이 없다

고랑에서 휘발유 두통을 퍼담아 나오려는 순간
미군이 들이닥쳐 꽝꽝 공포탄을 쏜다
나오라는 신호다
내용물을 버리고 나가면 처벌은 없다고 한다
몇 명씩 나가니 서너 명이 남았다

집에는 어머니와 동생들이 굶고 있다
얼마 후 총소리는 멎고 조용해진다
감각이 없어진 다리로 푹푹 빠지는 개펄을 조심조심 나온다
휘발유는 출렁출렁 반통 남짓

끝까지 남은 자는 나 혼자였다

어머니의 마중을 받자 그 자리에서 쓰러진다
병원 한 번 못가고 일어서지도 못한 그해 겨울을
그렇게 보내야만 했다

비매품 소금

그들의 고향은 바다
죄 없는 포로생활이다
다시 갈수 없는 운명이다
예전엔 짠순이가 아니고 자유의 몸이었다
태양열에 이끌려 다녀야 하는 염전
동료들과 낯을 좀 알아보게 되면
이동 다시 이동 자유를 잃고 점점 짜증이 난다
고향이 그립다 마음대로 활개 치던 바다가 그립다
전신의 땀띠 비를 기다린다
아아 비가 온다
자유의 몸이 될 것인지 아차 어느덧 염부들이 달려온다
고무래로 쭉쭉 밀어 몰아놓는다
침침한 창고로 가야 하는 운명이다
간수와 소금으로 분리된 그들의 결정체는
염부들의 멱살잡이에 소금창고로 향한다
나는 동네 어른들을 따라 염전으로 간다
비 오는 밤
비척비척 비매품 한 자루를 지고
미끄럽고 좁은 뚝길을 걷는다

개펄은 왜 그리 나를 힘들게 하는지
열네 살 책가방 대신 소금자루 등에 업고 헉헉거린다
넘어지면 혼자서는 일어날 수 없는 무게다
날이 밝으면 인천시장으로 간다
내손에 몇 푼 쥘 때까지 비매품 소금으로 가슴을 졸여야만 했다

삼팔선 · 1

학교가려고 나서는 나에게 어머니는
오늘 동생들과 이남으로 간다 나를 따라 가려면 야간 학습은 하지 말고 오너라
안 오면 안 가는 것으로 알겠다 언니가 공부는 시켜줄 것이다라 한다
황해도 해주에서 이남으로 갈 결심을 하신 어머니 말씀
오전에는 공부하는 것으로 마음을 정했다
저녁 수업이 시작되기 직전 불안해지기 시작한다
책가방 주섬주섬 뒷문으로 도망치듯 빠져 나온다
친구들은 왜 책가방 가지고 가니 묻는다
그것이 친구들과 마지막이 될 줄이야
이미 대문 밖으로 출발한 식구들
사람이 있는 것처럼 전깃불 켜 놓은 채 뒤돌아보고 또 한번 돌아보고 고향집을 떠났다
38선 부근에 머물다 야밤에 숨죽여 걸었다
인적 없는 산골 숨죽이며 가랑잎 밟는 소리가 온 산으로 울려 퍼진다
안내자 영감이 엎드리면 우리도 같은 자세로 엎드린다
기침을 하고 일어나면 우리도 일어난다
어이가 없다 말보다 행동을 따라 하며 걷고 또 걷는다.

갑자기 창을 든 인민군 5,6명이 뛰어 나온다
우리는 전원 포위되었다
목에 창을 들이대며 찌를 듯하다
우리는 속으로 죽여라 죽여 하며 긴장이 고조된다
차라리 올 것이 왔구나 싶었다
그 후 수용소로 몇 번 이동하며 죄수취급을 당한다
소금물에 뭉친 주먹밥을 조석으로 준다
그것도 이동이 많아 때를 놓치면 굶는 날이 많다
천신만고 끝에 큰언니가 밥을 수용소로 넣어주었다
십 여일을 찾아다닌 큰언니의 눈물어린 먹거리다
수용소 안의 전원이 손을 내민다
조금씩 나누어 먹었고 깍두기 국물만 남았다
한 청소년이 '그것은 저를 주세요' 한다
짜고 매울 터인데…
수줍은 그 학생에게 밥 한 술 줄 것을
죽을 때까지 잊혀지지 않는 안타까운 추억이다

삼팔선 · 2

문초 받던 수용소에서 10여 일만에 석방되었다
언니를 생각하면 해주로 가야 하겠지만 산골로 향했다
당시 언니는 해산한 지 일주일 된 산모였다
친정 식구들과 영이별한 외톨이 그것이 마지막이 될 줄이야

이남으로 재시도해 두 번째는 더 깊은 산으로 숨어들어
낮에는 초막 신세에 밤이면 박쥐가 된다
내 발자국 소리는 왜 이렇게 크게 들리는지
곧 인민군이 튀어나올 것만 같은 공포감이 든다
동생들은 감기 증세로 콜록거린다
가슴 졸이며 몇 시간을 걸어도 끝이 없다
지치고 또 지쳐서 무섭지도 않고 대담해진다
될 대로 되라는 듯한 묘한 기분마저 든다
개천에 모두 엎드렸다
저기 희미하게 보이는 곳은 이남입니다
삼팔선 부근까지 왔어요 라며
영감님은 손짓하며 망을 보더니 가자고 한다
아이들이 감기가 걸려 기침을 하면 만사가 허사입니다
어머니는 기다릴 수 없다는 듯 재촉하셨다

허리를 꾸부리고 죽을힘을 다해 뛰었다
개천을 넘어 언덕으로 올라선 안내자 영감님은 소리질렀다
이남이다…
천신만고 끝에 이남 땅을 밟았다

1948년 2월부터 시작해
잡혔다 풀려나며 한 달을 걸어서 3월에 이 땅을 밟았다

어머니의 기일

제삿상 위 어머님 사진에 시선이 간다

월남민들의 급박하던 삶
많이 드세요 어머니
6.25동란에 장남을 잃은 먼산바라기 어머니

요즘 부모들은
그 시절의 부모님의 심정을 헤아릴 수 없다
밥 한 수저 더 먹이려고
나는 아무개네 집에서 수제비를 얻어먹었다
너희들 더 먹어

그 깊은 자식사랑 깨닫지 못하고
한 수저씩 더 먹던 철부지들
어머니는 상 밑에 놓은 빈 그릇으로
수저소리만 내고 계셨다

후회

아들이 시골 어머니께 전화를 한다, 수화기 들며
나가 아범에게 할 말이 많은디 어짜고

며칠 전에 아버지 제사 때 뵈었는데
무슨 말씀이세요

아버지 첫 제사 정성 다해 모시고
자식들 만나 보고 하셨다

며칠 후 비보가 날아왔다
모친 사망, 농약을 마시고 자살하셨다

부모와 자식의 거리는 얼마나 되는 것인가
자식은 부모의 마음을 모른다

작은 방에라도 서울로 모셔 올 것을
뒤늦은 후회는 핑계에 지나지 않는다

얼마나 외로웠으면
마지막 길을 택하셨을까

실컷과 훌훌

한식날 그이의 산소에 갔다
나와 동급인 그에게도 잔을 올린다
잔디로 띠를 두른 생소한 그의 등장
집에 있는 줄 알았는데 여기 있구려
서먹서먹한 그와 나의 거리
영이별이란 것이 실감난다
나와 자식들에게 말 한마디 못한 채
먼 여행 떠난 당신
새 삶을 시작하였구려
병마와의 전쟁은 구치소 아닌 구치소였지요
영양줄 코에 매달고 바라만 보던 먹을거리
이제는 해방 되었으니
먹고 싶은 것 실컷 잡수세요
가고 싶은 곳 훌훌 다니세요

갈대밭의 추억

월남민의 생활 1950년대 초 쌀을 조금 구했다
땔감 부족으로 잔디 뿌리까지 남아나지 못하던 시절
쌀이 있어도 나무가 없으니 밥을 먹을 수 없었다
살고 있는 판잣집 벽을 뜯어 불을 지피기도 했다
그것도 한 두 번이지 나무가 없어 밥을 지을 수가 없다
사리 때 인천 바다로 향했다
군부대 철조망 부근의 갈대밭
어설픈 낫질에 미끈미끈 베어지지 않는다
보초병은 안타깝다는 듯 내려다보고 있다
조급한 마음은 갈대 몇 번 자르다 내 새끼손가락을 자른다
아픈 것보다 당황하고 두려운 것이 앞선다
치마를 찢어서 졸라맨다
마음은 더 조급해 진다
고랑으로 물이 슬슬 들어오고 있는 듯하다
내 살을 깎으며 갈대 한 짐 베어 지고
헉헉 빠져 나온 인천 용현동 갯벌
그 후 낫만 보면 아린 추억에
눈앞이 아른거린다

종합병원

대기실에서 호명하기를 기다린다
대 다수의 환자들
눈동자가 흐리고 보호자를 동반하였다

차례를 기다리자니 착잡하다
나도 얼마 후에
저들과 같은 처지가 되지 않을까
불안이 온몸을 휘감는다

아 아니야
나는 저렇게 되지 않을 거야
정신 차리자
무슨 망상을 하는 거야
후…, 나는 극복해야만 해
정신에 이상이 생기면 삶의 의미는 없는 것이지
온 생애를 정신력으로 버텨온 가시밭길
무슨 망상을 하고 있는 것인지
아니야 아니야 나는 아니겠지
고개를 좌우로 흔든다

기억력

그가 점점 희미해지고 있다
체력은 한 술 더 농땡이치며 나를 힘겹게 한다
너희들과 함께 한 세월이 길지만
나의 처지를 난처하게 몰아붙이는 것 같다

우리 지상에 있는 한
유종의 미를 거둘 수 있으면 한다
왜 미리 나에게서 멀어지려 하니
아직은 나는 마음의 준비가 필요해

너의 손을 놓지 않고
타인의 도움 없이 나를 지탱할 때까지
함께 힘을 모아주렴

병원 문턱이 점점 높아지며
그가 콧대를 과시하고 있다

건망증의 노예

그는 보이지 않는 지배자
책상 위에서 기다리다 지친 청첩장
달력의 표시도 아랑 곳 없다
그는 친인척 행사에도 못 가게 하는 위인
주인을 내 몰고 그가 들어앉았다
그의 정체는 현대 의학으로도 치유가 어렵다고 한다
필히 참석 했어야 할 자리였는데
큰 실수를 하였다
시간에 자유롭지 못한 생활
병원 출입만 잦아지고 정신이 아리송할 때도 종종 있다
허공을 응시하며 긴 숨을 내쉰다
이런 실수는 처음이다 외아들을 둔 당질이다
서로 바쁜 세상에 여러 친척분들을 만날 수 있는 기회를
나의 건망증이 아쉽게 삼켜 버린 것이다
예식장 가는 것은 잊어도
시 숙제와 등교하는 것은 잊지 않으니 그나마 다행이다

일주일에 한 편 듣고 보는 것의 한계에 진땀이 난다

자리

추석날 교통체증 뚫고 시골 산소에 다녀왔다
해마다 명절 전에 성묘하고 당일에 가는 것은 오랜만이다
길에서 보낸 시간이 너무 아깝다
두 번 실수는 하지 말아야겠다

제상은 차려놓았지만 맞손자가 결석해
누가 먼저 잔을 올리느냐 우왕좌왕이다
시골예법 나이는 아랑 곳 없다
6대 종손인 장남이 불참한 것은 처음 있는 일
불가피한 일이라지만
빠진 것 없이 정성 다한 제사상 빛을 잃었다

나는 죄인 아닌 죄인이 되어 얼굴을 들지 못했다
사람 자리가 소중하다는 것을 다시 한 번 실감한 날이다

그림자를 붙잡다

저 가요 엄마
그래 잘 가거라
뚜벅뚜벅 현관으로 향하는 아들
대문 닫히는 소리
어깨에서 힘이 스르르
가슴은 너를 놓지 못한다

나는 후다닥 따리 나간다
귀에 걸린 이어폰 비스듬한 내리막길 후적후적 멀어진다

가슴으로 불러 보아도 못 듣고 길모퉁이 돌아
내 시야를 벗어난다

터벅터벅 문턱 넘어 앞마당 지나 내 자리로 돌아온다
밀물처럼 정적이 달려든다

무형의 고리

손녀와 빌딩숲을 지나 차도를 걷는다
너는 삼각지로 가야지?
할머니를 배웅하려고요
콧등이 시큰해지면서 입으로는
됐다, 어서 가거라
헤어져 사오십 미터 쯤 걸었을까
뒷모습 한 번 더 보려고 돌아보는 순간
서로 망부석이 되어 서 있을 줄이야
몇 번의 손사래를 보았는지
시간에 쫓겨 뛰어가는 뒷모습 가슴이 뭉클하다

성탄예술제 준비로 활활 타오르는 용광로
코흘리개 적 유치부 재롱잔치 엊그제 같은데
한강성당 주일학교 교사로
율동과 악기를 자유자재로 다루는 그녀
직장과 가정 두 짐 진 어미 품 그리며
눈물 콧물로 얼룩진 베개를 놓지 못하던
K 대학 일년생, 그 아이

사랑하는 내 손자 융성이에게

낯선 학교 낯선 교실 수험번호 맞는 자리[2)]에 앉아
얼마나 긴장되고 시간에 쫓길까?
아는 것도 아리송, 시험관 눈초리는 시퍼런 칼날
오늘을 대비한 숫한 날들의 노고가 헛되지 않기를 두 손 모아 기도드린다.

네가 어릴 적 인사성 밝고 얼마나 영리했던지
1997년 융성이, 네가 여섯 살 때였지.
주말 할머니 집에 큰 집, 너희 집, 고모네 3대가 모인 화목한 시간
담장 넘어 큰 소리가 났다. 어른 들 감정이 하늘 끝으로 치달았다.
나는 어린이 교육상 저런 소리를…
어쩔 줄 몰라 무슨 말로 저 잡소리를 저지할까
전전긍긍할 뿐 영문도 모르는 남의 일에 나설 수도 없을 때
여섯 살 어린 것이 낮은 담장 너머로 고개를 내밀고
웃음 띤 어조로 '아줌마 안녕하세요?'하고 인사를 했다.
그 순간 싸우던 사람들은 멋쩍었는지

---

2) 2010년 11월 18일 수능 날에

그만 머쓱해서 한 걸음 한 걸음 물러나고
주위는 평정을 되찾을 수 있었다.
인사 한 마디의 효과가 이렇게 큰 것을 누가 짐작이나 했겠니?
우리 식구들은 귀여운 너에게 모두 박수를 보냈다.

그 동안 고생했고 수고 많았다.
최선을 다했을 우리 손자 오늘 푹 쉬고 다음 주에
기말 고사 끝나면 얼굴 한 번 보여 주렴.

마지막 여행

수십 년 목욕탕 매표소에 붙들려 생활이 고단했던 너

할 일 다 했다는 듯 일터를 벗어나 처음 계획한 지리산 무박 이일 여행
들뜬 마음에 병마와 타협 없이 무작정 강행
몸은 힘겨워 헉헉 이상의 나래는 사뿐한 날갯짓이다

이틀 후 인사불성 된 너 응급실 호흡기에
걸그렁대는 숨소리 병원 천정 흔들었지
점점 차가워지는 몸
말 한마디 못하고 종지부를 찍을 줄이야

다음날 호흡이 차츰 잦아들며 영영 시간의 흐름은 정지된 듯 했다

입관식 때 뻣뻣이 굳은 험한 발
고단했던 삶을 고스란히 내보인 험한 발
그 발을 손에 쥐고 마음은 갈기갈기 찢었어도
너는 아무 일 없었다는 듯 가버렸어

살아서도 너는
휘어지고 뒤틀린 몸쯤은 아무래도 상관없었고
심장박동기가 고장나면 어차피 파리 목숨이었어도
짧은 시간 부족한 시간을 쪼개고 쪼개어 달렸다

양방과 한방의원 문턱 제집처럼 가까웠지
어제는 생명 오늘은 의학연구 실험 물체
생전에 시신기증 결정
장지는 산이 아닌 병원 연구실
구급차도 아닌 병원차 트렁크로 덜컹덜컹 실려 나갔다

Chapter4.
포도나무에게 사과한다

땀 흘린 봄날

동복을 입은 나에게 성급한 봄
내가 왔는데 반갑지도 않느냐고
화끈하게 화를 낸다

네가 온 줄도 미처 몰랐다
거리의 옷차림은 봄의 상징인 듯 산듯하다
집으로 다시 돌아 갈 수도 없다

이것이 바로 세월의 무게인가
아니야 무딘 나의 감각이야
어느 누구도 말해 주는 이도 없다
건망증은 삶의 걸림돌이 된지 오래다

귀찮은 존재는 독한 약으로도 몰아낼 수 없다
시간을 붙잡을 수도 없으니
정신을 차리자
나 스스로 웃음거리가 될 수는 없는 거니까

사무치는 이유

담장 안에 있는 과실수들
가지가 휘도록 주렁주렁 매달린 감
전기톱 윙윙 단 몇 분 만에 수십 년 삶을 마감했다
동강난 허리에서 끈끈한 하얀 진액 토해낸다
나무들의 울분 때문인지
소낙비가 쓰러진 나무 위에 주룩주룩 내린다
울적할 때면 감나무 아래서
잡풀 뽑아주며 흙 만지면 거짓말처럼 편했었다
도로확장 공사에 사유지 빼앗긴 것보다
새끼들 매단 채 덜컹덜컹 실려나간
감나무 모과나무가
더욱 사무친다

민들레의 꿈

춥다고 웅크리고 종종걸음을 걷다가 중에
윙크하는 그녀를 만났다
그녀는 길가에 앉아 혼자 공기놀이를 하고 있었다

모두들 일 나가시고 혼자 집을 보던
유년 시절을 생각한다
바람과 담장과 공깃돌이 모두 친구였던 그 시절
그녀는 언제나 해맑게 웃어주며
나를 돌봐주는 언니 같은 존재였다

지난겨울은 유난히도 많은 눈과 혹독한 한파가 있었다
어두워질 무렵이면 문밖에 나와 식구를 기다리던 나처럼
그녀는 언 손 호호 불며 기다리다
인기척을 만나자 와락 끌어 안는다

육이오동란 때 고향 황해도를 떠나와
고향 까마귀만 봐도 반가웠던 서울살이
그녀도 곧 바람 따라 정처 없이 떠나겠지
다음에는 좀 더 살기 좋은 곳에서 뿌리를 내렸으면

빗방울이

빗방울이 테니스 코트에 운동하러 왔다

빗방울이 모자에 똑똑똑 떨어진다
빗방울이 어깨에 방울방울 떨어진다
빗방울이 벚꽃에 살짝살짝 떨어진다
빗방울이 개나리꽃에 가만가만 떨어진다
빗방울이 수양버들 새잎에 반짝반짝 떨어진다
빗방울이 참새머리에 살랑살랑 떨어진다
빗방울이 비둘기머리에 촉촉하게 떨어진다
빗방울이 운동장에 질척질척 떨어진다
빗방울이 발자국을 움푹움푹 찍어낸다

빗방울에 젖어든 4월 25일 새벽시간

벚꽃

해산의 고통이 너무 길었지
보이지 않는 생의 신비로움 수를 놓았네
안간힘을 쏟은 지 몇 주나 지났을까
위풍당당하게 피어나는 사월
뿌리는 숨 가쁘게 여기까지 밀어올렸네

아름다운 세상을 위해 헌신하는 너
우리에게 말없이 시원한 꽃그늘을 선사하고 있구나
유연한 팔로 바람 따라 춤을 출 수 있을까
아름다운 자태 오래 지속하지 못하고
성급하게 떠나려는 네가 안타깝구나

국화 · 1

며칠 전부터 그들을 기다린다
여름내 비바람을 온몸으로 막아내며
오늘을 위해 살았다

앞마당 양지쪽
기다리던 벌이 날아들기 시작한다
그들은 점점 수가 늘어난다
싸늘한 10월 하순 몸놀림 느려도
코를 벌름벌름 숨결이 빨라진다
그러던 중 불청객인
똥파리들이 우리를 덮치고
잘 봐 달라고 손발을 싹싹 빌어댄다
안 된다
더러운 것들, 안간힘도 허사다
벌과 똥파리 한 자리
꽃잔치는 난장판이 되고 말았다
우리내 인생 같다

국화 · 2

우리 집 앞마당에서 국화가 손님을 청했다
남들은 봄에 꽃 잔치를 하지만
우리는 망년회를 겸해서 늦가을 에 하자
벌과 나비들 향을 담은 초청장이 날아갔다

추워서 나는 갈수가 없는데
약한 나비는 보이지 않는다
생기도 없이 어물어물 하는 꿀벌손님들
날아들어 제법 몇 마리씩 들락날락
맛 들여 꾸벅꾸벅 손발을 비빈다

그들은 생긋생긋 애교로 고갯짓
그러던 중 불청객인 똥파리들이 단 냄새에
코를 벌름 거리며 달려든다
불법 자 들에게 덜미 잡힌 그들은
치욕에 부르르 떨고 꽃 잔치는 난장판이다

때늦은 국화

여름에 푸른 치마 펄럭이던 그녀가
영하의 날씨에 노랗게 웃으며 오가는 시선을 붙잡는다
영역을 넓히며 해마다 잔치판을 벌인다
꿀벌들의 방문을 냉랭하게 차단하는 기후
순희 영희 철수는 온실로 들어간지 오래다
엄마 아빠는 자유롭다
나의 발길을 반기는 듯
그녀가 애절한 눈빛으로 붙잡는다
생명을 위협 당한다고 하소연을 쏟아낸다
솜이불로 덮어 달라고 아우성이다

가을 풍경

고추는 제 본분 다 했다고
번쩍번쩍 붉은 광채를 품어댄다

방아깨비는 두 다리 붙잡혀
놓아 달라며 무릎 꿇고 꾸벅꾸벅 절을 한다

제 영역 넓히려는 호박 넝쿨에 갇힌
유자 오들오들 매달린 눈치꾸러기다

소프라노 알토 풀벌레들의 음악회
하늘을 휘저으며 잠자리의 지휘가 바쁘다

제상에 감초격인 대추는 아직 새파란 철부지
가시로 무장한 밤송이 입 다문 채 태양을 응시한다

허수아비는 세련된 모자를 쓰고 나왔는데
멍멍이는 강아지풀이 반갑다고 함께 꼬리를 흔들고 있다

충신의 한계

보이지도 잡히지도 않는 것이
사십여 년 한결같이
새벽을 알려주던 내 안의 충신
알람시계도 발 부칠 여지없어
풀 죽어 고개 숙인 채
명함도 못 내밀고 밀려났었지
그러던 것이 엊그제부터 변심을 했다
쾅쾅 두드리는 문소리에 일으킨 몸
다리가 후들후들 중심을 잃었는지
책상머리를 도끼 삼아 쾅
화들짝 앉으면서 와장창 엉덩방아를 찧었다

세월의 무게에 그토록 직언을 잘 하던
충신도 등을 돌릴 줄이야

졸업

스승과 제자 4년의 학업에 종지부를 찍었다
진학의 문턱에 걸려 넘어진 만학도
야간대 문턱은 넘을 수 있었다
박쥐의 삶 4년 망설임 끝에 저울추가 꺾였다

"나에게 빛을 찾아갈 수 있는 지혜를"
뭍으로 튕겨 나온듯한 물고기의 소원
결국 나는 사이버대의 문을 두드렸다
매 과목마다 컴퓨터강의
나는 시창작에만 관심이 집중되었지만
시험을 대비해야 하는 타 과목들
시계초침 의식하며 자판기 두드리던 절박함

이젠 시 한 편에 하루의 기분이 좌우된다
이 기분 언제까지 이어지려나

수능시험을 보는 아이에게

수능시험 날 낯선 교실 낯선 자리에서
얼마나 긴장되고 시간에 쫓길까
시험관 눈초리는 시퍼런 칼날
아는 것도 아리송하겠지
오늘을 대비한 날들의 노고가 헛되지 않기를

어릴 적 인사성 밝고 영리하던 너
언젠가 주말에 삼대가 모인 화목한 자리
밖에서 고성의 아귀다툼이 있었지
그때 6살 어린 너는 낮은 담장 너머로 고개를 내밀고
아줌마 안녕하세요, 해맑은 인사를 했지
순간 머쓱해서 한 걸음 한 걸음 물러나고
주위는 평정을 되찾을 수 있었지
우리 가족들은 너에게 큰 박수를 보냈지

단잠 줄여 쌓은 실력 빛을 발할 수 있기를
너의 수고가 헛되지 않기를

동백꽃

동백 화분에 꽃 한 송이 피더니
뿌리의 혼신의 노력으로 애를 낳는지
이파리 끝이 노래진다
마침내 또 다른 가지에도
하나 둘 꽃 봉우리가 늘어난다
거실에서만 살던 그가
구만리 먼 길 온 해님을 만나러
앞마당에 마중나왔다
나도 그들 곁에 기꺼이 다가간다
한 울타리 안에서 울고 웃는 나의 분신
말없이 그녀를 바라보다가
말 못하는 자연과 벗을 삼고 사는
나를 발견한다

지금 그녀는 시를 낳고 있는
나의 산파다

나무를 보다가

공원을 산책하고 있다
나무들 저마다 산소를 내뿜고 있다
전신을 휘감는 맑은 공기가 가슴을 상쾌하게 한다
속도를 조금 높인 초록의 발걸음이 가볍다
쉼터에 앉아 나무를 올려다보고 있다
왜 이제 왔느냐고 투정을 부리는 듯 보인다
그래 이제 너희들 만나러 자주 와야겠구나
한 생애에 눈부신 성장의 계절
나도 저렇게 푸른 생장점을 가진 시절이 있었다
나무는 푸르름만 생각할 뿐
죽음을 예감치 않는다
한 평도 못되는 쪽방 지킴이
해는 서산을 향해 기울어 가는데
무엇을 위해 이렇게 허둥지둥 하는지
뒤돌아보게 하는 순간이다

포도나무에게 사과한다

이웃들과 재개발에 반대하는 대책반을 꾸리고
포도넝쿨 아래 천막을 쳤다
포도넝쿨이야 나중에 다시 풍성한 모습을 보이겠지 싶었다
수년이 지나고 나니 넝쿨이 새로운 길을 내느라
일부 가지는 스스로 죽이고 다른 길로 나왔다
전 재산이 걸린 싸움이라 절박했다
이미 노목이 되어버린 나무에게는 미안했지만
말 안 듣는 아이 혼자 있게 벌을 세우듯
천막 위 포도넝쿨은
수년 동안 뜨거운 여름 화염에 잎이 타고
가지도 메마르는 형벌을 받아 기형아가 되어버렸다
텐트를 거둬치우니 그래도 저를 잊지 않았다고
반갑게 인사하며 제법 새순을 틔운다
날마다 큰 목소리를 냈는데 견뎌준 포도나무에게
미안하고 고맙다 부끄럽고 계면쩍다
앞마당이 훤히 제 모습을 찾은 오늘
포도나무 옆 감나무도 싱그럽게 피어
희망의 축복을 함께 한다

재개발 무산은 내 희망일 뿐이겠지만
하늘의 뜻은 분명 풍성한 포도넝쿨을 보는 것일 테니
올 여름엔 제법 넝쿨 밑에서 시집을 읽고 싶다
포도나무야 미안해

무상한 겨울

그의 마음을 흔들어 놓은 진달래 개나리 벚꽃
기세가 등등하던 그가 맥없이 꼬리를 내린다
장군의 계급장을 달았던그는 지금 패잔병이 되어버렸다
온 세상을 얼어붙게 하던 그 권세는 어디로 가고
힘 한 번 못쓰고 산등성이 너머로 도망치며 비겁하게 이죽인다
추석만 지나면 내가 다시 왔노라 큰소리치하지만
별 힘도 못써 그저 힘없이 중얼거리다 스러진다
봄꽃과 바람을 앞세운 때 이른 더위는
달콤한 속삭임으로 세상을 농락한다
이 난봉꾼아 사기꾼 같은 놈아
지난 가을 후두둑 낙엽 떨어질 때 알아봤어야 했는데
겨울에 무슨 짓을 한 것이냐
여기 저기 아이 밴 여인들 많구나
발갛게 노랗게 하얗게 차려 입고서는
봄 새색시가 푸르게 웃네

동백과 천리향

들고 날 적마다 저를 사랑하는 것을 아는지
향기를 사르르 보내 나의 발길을 붙잡는다
계절에 맞춰 자리를 옮겨주고
물을 주며 보온을 해주었다
힘은 들어도 보람은 있다
그들을 보며 뿌리의 노고를 상상한다

봄을 안내하는 듯 붉은 동백꽃 하나둘 눈을 뜨고
천리향도 만발하였다
현관에 들어서면 향기가 먼저 마중 나와
인사를 하니 예쁜 아기 같다

이른 봄 제일 먼저 꽃을 피어
메마른 집안을 봄으로 장식한다
그들이 있기에 삶의 따사로움이
온 집안에 가득하다

보호수

집으로 향하는 길
낙엽들이 발에 밟힌다
긴 세월을 이겨낸 굵은 팔뚝을 자랑하는 비슬나무 두 그루
밑동에도 수북이 낙엽이 쌓여 있다
그의 웅대함에 숙연한 마음으로 지난 세월을 가늠해 본들
어찌 고목의 산전수전을 알까
가지에 매달려도 끄덕도 안할 것 같다
수령 150년 수고 20미터 나무둘레 3.5미터
이십여 미터 간격으로 서 있는 고목 두 그루
올려다보니 윗가지들은 10미터 쯤 가까이 가 있다
150년 단단하게 내린 뿌리 위에
둘로 나뉜 가지들이 형제를 이루어 떨어질 수 없음에도
독립한 듯 각각 잔가지들을 거느리고 있다
그들은 한 뿌리 위에 건강하고 평화롭게 살아
크고 작은 아름다움을 선물해 주었다
앞으로의 150년을 더 희망하게 하는 이유이다
그때가 오면 수령 300년의 표지를 달아
난공불락의 요새임을 자랑할 거다
나도 고목이 되고 싶다

뒹구는 낙엽

안가겠다고 발버둥치다 밀려 나가는 그
늦가을 비는
몇 잎 남은 가로수 잎을 흔들어 댄다
행인들의 발밑에 부서지는 그들
짧은 인연 뒤로 하고 모체와 영이별이다

푸른 시절 성탄 전야 자시미사 후
갈 곳 없어 명동거리 헤매던 소녀
축제 기분 종이 나팔 흥겨운 청소년들
종교와 직장이 도마에 올랐다
소녀는 당일부터 머리 둘 곳이 없었다
크리스마스이브에 저울추는 종교

12월 25일 새로운 직장으로 출근이다

2월 어느 일요일

앞마당에 백설은 나를 반기는 듯
어둠을 물리치고 윙크를 한다
오… 오래간만이구나

겨우내 너희들을 못 보는 줄 알았지
예전만 못한 동장군의 기세
그들마저 늦장을 부린다

조심조심 성당에 들어서니
성모상에 소복 히 내려앉은 백설
상록수에 걸친 채 서로 눈인사를 한다

미사 후 성당 풍경 핸드폰에 찰각찰각
신선한 새 아침 잠꾸러기는 이기분 어디서 맛볼까

Chapter5.

작품해설 - 김순진

작품해설

전쟁과 가난, 배움의 열망으로부터의 해방

- 고보희 시인의 시세계

김순진(문학평론가 · 고려대 평생교육원 교수)

고보희 시인과 나는 모자간의 연을 맺은 사이다. 고보희 시인은 내가 고려대학교 평생교육원에 강의를 시작한 이래로 계속 등록해서 나에게 시를 배우고 계신 분이다. 몇 년 전 , 일찍 어머니를 여의어서 어머니에 대한 갈증이 심한 나에게 김태연 시인은 모자간의 연을 맺어주셨다. 하루는 김태연 시인께서 고보희 시인의 댁에 함께 가자고 했다. 그러더니 그 자리에서 모자의 연을 맺어 나는 수양아들이 되었다.

고보희 시인은 작년이 팔순이었다. 그런데 부군께서 작고하시고 잔치를 할 수 없다고 그냥 넘어갔다. 그래서 나는 고보희 시인의의 시를 통해서 고보희 여사의 생을 팔순의 의미인 여덟 가지로 정리해보고자 한다. 그것은 배움, 가족, 생업, 건강, 종교, 문학, 거주, 전쟁 등 크게 여덟 가지로 구분해볼 수 있다. 다. 이는 그녀가 평생을 살아오면서 무슨 생각을 하며 살아왔는지 잘 알 수 있는 대목이다. 그럼 고보희 시인의 시를 읽어보면서 어떤 생각으로 어떤 생을 살아오셨는지 그녀의 마음을 여행해보자.

1. 배움에 대한 열망

고보희 시인은 초등학교 5학년 때 북한에서 월남해 내려왔다. 6.25전쟁이 터지고 어머니께서 아침에 학교에 가는 어린 딸 고보희에게 "오늘 우리는 남쪽으로 간다. 가고 싶으면 공부하다가 살짝 나오고, 남고 싶으면 그냥 공부해라, 남으면 언니가 공부는 시켜줄 게다."라고 말했다. 어린 고보희는 처음에는 그냥 남기로 했었다고 한다. 그런데 시간이 지날수록 가족과 떨어져서는 안 된다는 생각이 들어 저녁 수업 때 학교를 빠져나왔다. 그리고 이내 집에 불을 켜둔 채 피난길에 올랐던 것이다. 그렇게 초등학교 5학년의 학력이 전부였던 고보희 시인은 늙을 때까지 공부에 대한 열망을 감출 수가 없었다. 그래서 70살이 넘은 나이에 초등학교 검정고시를 봐서 초등학교 졸업의 학력을 인정받고 진영중고등학교라는 학교에 들어가게 된다.

나는 어제 수능 시험을 보았다
낯선 학교 낯선 교실
대체적으로 문제는 쉬웠으나
펜대 잡은 손은 벌벌 떨렸다

알쏭달쏭한 문제들 뒤로하고
아는 것부터 우선순위로 처리했다
숨소리 죽여 가며 한 문제 한 문제 풀어나갔다
여러 과목 중 수학은 호랑이
영어는 이방인이었다

책상을 베개 삼아 엎드려 졸던 나
시험 끝내고 나오니
교문 밖에서 묵주기도를 하고 계시던 어머니
시험 잘 봤니? 물으신다
잘 했거나 못 했거나 당분간 해방이다
한동안 시험에 들지 않게 해주시니 감사하다

모두 내겐 꿈같은 이야기다

– 「수능시험」 전문

스승과 제자 4년의 학업에 종지부를 찍었다
진학의 문턱에 걸려 넘어진 만학도
야간대 문턱은 넘을 수 있었다
박쥐의 삶 4년 망설임 끝에 저울추가 꺾였다

"나에게 빛을 찾아갈 수 있는 지혜를"
뭍으로 튕겨 나온듯한 물고기의 소원
결국 나는 사이버대의 문을 두드렸다
매 과목마다 컴퓨터강의
나는 시창작에만 관심이 집중되었지만
시험을 대비해야 하는 타 과목들
시계초침 의식하며 자판기 두드리던 절박함

이젠 시 한 편에 하루의 기분이 좌우된다
이 기분 언제까지 이어지려나

–「졸업」 부분

우선 그녀는 배우지 못한 한을 풀기 위해 스스로 노력해왔다. 예재시「수능시험」은 고보희 시인이 70이 넘은 나이에 고등학교 과정 검정고시를 보는 내용이다. 당연히 수학은 호랑이였고 영어는 이방인이었을 것이다. 그녀는 마침내 예재시「졸업」에서처럼 경희사이버대까지 졸업하게 된다. 실로 대단한 열정이다. 그리고 그녀는 중앙대학교 예술대학원 전문가과정을 수학하고 고려대학교 평생교육원 시창작과정에 입학하여 나의 수업을 들으며 지금까지 시창작공부를 하게 된다.

선조들의 기묘한 발상의 작품들 고고한 재능
수백 년의 역사가 현실로 재현되는 순간순간
일본으로 빼앗기지 않고 잘 보존된 보물들
야외 학습을 겸한 일일 여행
(중략)
내 역사의 한 페이지가 넘어가고 있다

-「국립중앙박물관 기행」 부분

물고기가 물에서 튕겨나왔다
어떻게 길을 찾았을까
방향은 아는데 길이 없다
그날부터 어디로 가야 할까
건망증은 나를 옥죄고
이웃 또래와는 이상이 맞지 않는다

-「학기 끝난 후」 부분

어디 꽃이름을 외워가며 그들을 바라본 적이 있던가
그저 작가의 의도는 관심 없고

대기의 신선한 공기와 꽃향기가 좋았을 뿐
동기생들과 선생님 따라 간 바에야
순진한 학생 소풍 나온 기분에 들뜨기는 했다
보슬비가 싱그럽게 내리던 날의 야외수업은
쓸쓸한 내 마음에 위로가 되었다

내 몸은 최근 몇 년째 병의 박람회를 열고 있지만
나는 지금 80년째 사랑의 박람회를 열고 있는 중이다

- 「고양 국제꽃박람회」 부분

예재시 「국립중앙박물관 기행」, 「학기 끝난 후, 「고양 국제꽃박람회」는 모두 필자와 함께 공부하고 있는 고려대학교 평생교육원 시창작과정 안에서 일어나는 일들이다. 나이가 많든 적든 일단 학교에 오면 학생의 신분이다. 따라서 야외수업도 있고, 수학여행도 있으며 학기가 끝나고 방학도 있다. 그러므로 시인은 그토록 다니고 싶었던 학교에 다니면서 내가 노년에 가장 재미있게 할 수 있는 것이 무엇일까를 고민하다가 그것이 시인의 길이라는 것을 확실히 발견하고 맹진해 나아가 마침내 두 권의 시집을 상재하게 되는 것이다.

2. 가족에 대한 사랑

가족은 그녀가 사는 이유였으며 그녀를 일으켜 세운 공로자였다. 그녀에게 있어 교육은 가장 앞서나가는 철의 여인이었다. 큰아들에 대한 공부는 누구보다도 앞서나갔으니 후일담을 들어보면 실로 대단하다. 그러니 큰 아들을 서울대 법대에 합격시켜서 법조인으로 우리나라에 공헌하게 한 것이 아닌가? 작은 아들 역시 올바른 사람이고, 딸은 교사로 있다. 이처럼 그녀에게 있어 가족, 즉 부모형제와 자녀, 손자는 무한대의 사랑을 펼칠 수 있는 무대였다.

한식날 그이의 산소에 갔다
나와 동급인 그에게도 잔을 올린다
잔디로 띠를 두른 생소한 그의 등장
집에 있는 줄 알았는데 여기 있구려
서먹서먹한 그와 나의 거리
영이별이란 것이 실감난다
나와 자식들에게 말 한마디 못한 채
먼 여행 떠난 당신
새 삶을 시작하였구려
병마와의 전쟁은 구치소 아닌 구치소였지요
영양줄 코에 매달고 바라만 보던 먹을거리
이제는 해방 되었으니
먹고 싶은 것 실컷 잡수세요
가고 싶은 곳 훌훌 다니세요

-「실컷과 훌훌」 전문

목욕탕 수십 년 매표소에 붙들려 생활이 고단했던 그녀가
할일을 다했다는 듯 지리산 무박이일 여행을 떠났다
오랜 병마와 타협 없이 무작정 강행했던 것
몸은 힘겨워도 이상의 나래는 사뿐한 날갯짓이었다

(중략)
그녀는 지금 아픔 없는 세상으로 여행 중이다

– 「또 다른 여행 – 동생 고보순에게」 부분

위의 예재시 「실컷과 훌훌」은 남편의 죽음에 관한 시이고, 예재시 「또 다른 여행」은 여동생의 죽음에 관한 시이다. 두 사람에게 모두 연민이 간다. 고보희 시인은 자식들을 위하여 힘든 결혼생활을 참고 견뎌주었다. 남편이 20여년의 병석에 누워있을 때도 한결같이 잘 간호해주었다. 이 시는 한식날 남편의 산소에 갔을 때 쓴 시다. 너무나 오랫동안 병석에 누워 있음이 애처로워 "먹고 싶은 것 실컷 잡수세요 / 가고 싶은 곳 훌훌 다니세요"라고 말하는 시인의 마음이 천사라는 생각이 든다. 예재시 「또 다른 여행」은 고보희 시인을 도와 수십 년 동안 목욕탕 매표소에서 함께 일해준 여동생에 대한 시다. 시인이 이렇게 형제에 대한 시 한 수를 남기는 일은 나 자신 뿐만 아니라 가족 전체가 영원히 사는 일이다.

저 가요 엄마
그래 잘 가거라
뚜벅뚜벅 현관으로 향하는 아들
대문 닫히는 소리
어깨에서 힘이 스르르
가슴은 너를 놓지 못한다

나는 후다닥 따라 나간다

귀에 걸린 이어폰 비스듬한 내리막길 후적후적 멀어진다

-「그림자를 붙잡다」 부분

1997년 융성이, 네가 여섯 살 때였지.
주말 할머니 집에 큰 집, 너희 집, 고모네 3대가 모인 화목한 시간
담장 넘어 큰 소리가 났다. 어른 들 감정이 하늘 끝으로 치달았다
나는 어린이 교육상 저런 소리를…
어쩔 줄 몰라 무슨 말로 저 잡소리를 저지할까
전전긍긍할 뿐 영문도 모르는 남의 일에 나설 수도 없을 때
여섯 살 어린 것이 낮은 담장 너머로 고개를 내밀고
웃음 띤 어조로 '아줌마 안녕하세요?'하고 인사를 했다.
그 순간 싸우던 사람들은 멋쩍었는지
그만 머쓱해서 한 걸음 한 걸음 물러나고
주위는 평정을 되찾을 수 있었다.
인사 한 마디의 효과가 이렇게 큰 것을 누가 짐작이나 했겠니?
우리 식구들은 귀여운 너에게 모두 박수를 보냈다.

-「사랑하는 내 손자 융성이에게」 부분

손녀 아이와 빌딩숲을 지나 차도를 걷는다
너는 삼각지로 가야지?
할머니를 배웅하려고요
콧등이 시큰해지면서 입으로는
됐다, 어서 가거라
헤어져 사오십 미터 쯤 걸었을까
뒷모습 한 번 더 보려고 돌아보는 순간

서로 망부석이 되어 서 있을 줄이야
몇 번의 손사래를 보았는지
시간에 쫓겨 뛰어가는 뒷모습 가슴이 뭉클하다

- 「무형의 고리」 부분

예재시 「그림자를 붙잡다」는 아들에 관한 시, 「사랑하는 내 손자 융성이에게」은 손자에 관한 시, 「무형의 고리」은 손녀에 관한 시이다. 예재시 「그림자를 붙잡다」에서 엄마는 집에 왔다가는 아들의 뒷모습을 바라본다. 현관에서 나가서 골목에서 안 보일때까지 바라보다가 그림자라도 붙잡고 싶은 어머니의 심정을 잘 그리고 있다. 나는 처가가 전라남도 담양이다. 장모님은 향년 92세의 노인이다. 그런데도 장모님은 딸에게 용돈을 주신다. 그리고 우리가 돌아올 때마다 차량이 안 보일 때까지 바라보면서 눈물을 지으신다는 처남의 말을 들었다. 어머니의 사랑은 지역이나 시대를 불문하고 똑 같은 것 같다. 예재시 「사랑하는 내 손자 융성이에게」에서 할머니는 어린 융성이가 어른들이 싸움이 났을 때 명랑한 웃음으로 인사를 해서 싸움이 해결되었던 일을 떠올리며 수능시험을 보는 손자가 무사히 시험을 잘 치르기를 기도한다. 그리고 예재시 「무형의 고리」에서 할머니인 고보희 시인은 손녀딸이 할머니를 챙기고 저는 바빠서 후닥닥 뛰어가는 모습을 보며 큰 사랑을 느낀다. 자식과 손자는 부모에게 있어 깨물어도 아프지 않은 손가락이고, 열손가락을 깨물면 모두 아픈 손가락이다. 참 아이러니한 말 같다. 아무튼 155의 단구 고보희 시인이 이렇게 힘들고 고된 세상을 억척 같이 이겨낼 수 있었던 것은 가족이 있었기 때문에 가능한 일이었다.

3. 생업에 대한 투철한 직업정신

고보희 시인은 평생 목욕탕을 하면서 살아왔다. 목욕탕을 해서 어디 나가보지도 못하고 갇혀 사는 인생을 살았지만 목욕탕을 해서 아이들을 훌륭하게 키워냈고, 목욕탕을 해서 입에 밥을 넣을 수 있었고, 목욕탕을 해서 건물도 장만했고, 목욕탕을 해서 그토록 배우고 싶은 공부도 할 수 있었다. 그만큼 목욕탕은 그녀에게 있어 논밭이었고, 바다였으며, 공장이었다.

숨어있는 불순분자들 모두 색출하라!
수사관이 들이닥쳤다
모두들 벌거벗겨진 채 물고문을 당한다
납작 엎드려 숨었던 그가
비명을 지르며
힐끔힐끔 하수구로 도망간다
늘어진 뱃살의 아줌마는 표적수사선상에 올라있다
날씬한 아가씨를 만날 때면
일을 해도 날아가는 기분이다

한국국적을 가지고도
이태리 국적인양 위장한 그는
누구도 밀입국을 방치하지 않는다
소원이 있다면 뽀송한 나라에서 쉬는 일이다

– 「이태리타올」 전문

맑은 물은 욕조마다 가득하다
쓰다 남은 비누는 퉁퉁 불어 뒹군다
낮과 같이 밝혀 주는 수십 개의 전등
냉탕 온탕 열탕 저 맑고 깨끗한 물을
하수구로 흘려보내야 한다
한강에서 놀던 물이 이리저리 오르내린다
격이 높아진 물이 통곡하며 하수구로 밀려난다
목욕탕에 들어오는 물은
곧 하수구로 흘러 내려가는 수가 많아서 운수가 좋지 않다
냉수도 아닌 온수 외화가 굴뚝으로 날아가는 것을
손님들은 아는 걸까 모르는 걸까

– 「내 것과 남의 것」 부분

예전 그들의 몸값은 헐값이었으나
신분이 상승한 온수는 으쓱으쓱 그것도 잠간
차츰 순서대로 냉온으로 불리된 그들
캄캄한 통로를 지나 물탱크에 감금된다
대야에 담기자마자 통곡하며 하수구로 직행한다
너와 나의 눈물이 오늘도 이어지는구나
내가 죄인이다 너희들에게 수십 년 이어진 나의 불찰

용서해라
나의 직업인 대중목욕탕을

–「물」 부분

예재시 「이태리타올」은 시인적 관찰력을 잘 발휘한 시다.

이태리타올은 수사관이 된다. 그리고 몸의 때는 현장에서 범죄를 저지르고 있던 범인이 된다. 그는 베테랑 수사관이라서 납작 엎드려있던 범인(때)을 제대로 뒤쫓는다. 그는 언제나 숨어있는 범인(때)를 놓치지 않고 검거해내는 베테랑 수사관인 것이다. 그런데 "한국 국적을 가지고도 / 이태리 국적인양 위장한 그는 / 누구의 밀입국도 방치하지 않는다"고 시인은 말한다. 정말 기발한 생각이다. 나이 많으신 시인께서 어떻게 이렇게 재미있는 상상을 하셨을까? 이태리타올은 이태리로부터 시작된 게 아니다. 이태리는 때를 미는 문화권 사람들이 아니다. 우리나라에서 처음 생겨난 때밀이수건이 이태리타올인데 왜 그렇게 부르는지 모르겠다. 시인은 이를 착상해서 3인칭 은유심상법으로 쓰고 있는 것이다.

예재시 「내 것과 남의 것」은 목욕탕에 오는 손님들의 마음가짐에 대하여 불만을 하는 소리다. 사람들은 물을 물 쓰듯 한다. 그런데 사실 물이 물값이 아니라 금값인 시대가 됐다. 물을 틀어놓고 샤워를 하는 사람에, 비누는 아무렇게나 내던지고, 수건은 몇 장씩 쓰고 아무데나 마구 내던진다. 수건 바구니에 넣어주면 참 좋으련만 돈을 냈으니 마음대로 해도 된다는 심산이다. 그럴 때마다 주인입장에서는 억장이 무너진다. 나는 요즘 헬스장에 다닌다. 운동이 끝나고 샤워장에 들어서면 똑같은 풍경이 벌어진다. '비록 내 물건은 아니더라도 좀 아껴주면 좋을 텐데.'하는 생각이 들 때가 한 두 번이 아니다.

예재시 「물」은 평생 물을 쓰고 사는 사람의 입장으로 물에 대한 안타까움과 고마움을 토로한 시다. 시인의 눈에는 아무 죄 없는 물이 목욕탕까지 끌려와 사람의 때를 싣고 구정물이 되는 것에 대한 안타까움이 있다. 사람의 때를 씻어주는 것에 대한 고마움이 있다. 그리고 아래로 아래로 흘러가는 것에 대한 존경이 있다. 그래서 시인은 평생 목욕탕 업을 해서 물을 함부로 가두고 가는 호스를 통해 목을 조르고 쓸모가 없어지면 내버려온 것에 대하여 사과한다. 사람한테 손해를 끼치고도 사과를 하지 않는 현세상에서 물에 사과를 한다는 것은 시인이 아니고서는 할 수 없는 사과다.

4. 스스로 지켜온 건강

고보희 시인은 건강을 지키기 위해 평생 테니스를 치고 살았다. 그래서 그런지 함께 문학기행을 가보면 늘 그녀의 걸음걸이는 남보다 빨랐다. 80이 넘은 나이에 스스로 외제차를 몰고 테니스장으로 올라가는 모습을 상상해보라. 정말 멋있다는 생각이 든다. 나도 저렇게 늙어야지 하는 생각이 든다.

> 봄을 장식하는 벚꽃 망울
> 알몸으로 부끄러운 듯 멈칫멈칫 수줍다
> 푸른 치마는 아직 제작 중인 듯하다
> 어느덧 우수수 낙화하는데 뿌리는 말이 없다
> (중략)
> 시원한 그늘을 드리워 주는 산자락
> 복잡한 세상살이 잠시 잊을 수 있는 지상낙원이다
>
> -「봄날 테니스장」부분

그는 만인의 연인
오늘도 그는 나를 기다린다
그를 만나면 상큼한 하루가 시작된다
황토 무대에서 그와 서로 밀착하며
튀는 공을 쫓아 헉헉댄다
질투하는 상대를 한방에 밀어붙인다
그는 내편도 그편도 아닌 고집불통이다
순수한 그가 삶에 활력소 건강의 후원자
그와 함께 할 수 없는 날이
창문 밖에서 대기 중인 것 같아
허공을 응시한다
언제까지나 그를 만날 수 있을 런지

-「테니스코트」 전문

예재시 「봄날 테니스장」과 「테니스코트」는 모두 고보희 시인이 건강을 지키기 위해 수십년 동안 테니스를 치며 보이는 것을 쓴 시이다. 평생 목욕탕 매표창구라는 협소한 공간에서 살아야만 했던 시인에게 테니스코트는 단순히 운동의 한 부분뿐만이 아니었다. 고보희 시인에게 테니스코트는 계절이 오고가는 것을 알 수 있는 창구였으며, 육아와 생업, 결혼생활에서 억눌린 답답한 가슴을 헤치고 날아오는 공을 힘차게 내려치며 풀어내는 화풀이 장소였고, 형제들이 죽어가고 친구들의 죽어가는 소식을 들을 때마다 슬픔을 감싸 안아주는 위안의 장소였다. 그래서 시인은 "복잡한 세상살이 잠시 잊을 수 있는 지상낙원"이라고 말한다. 또 예재시 「테니스코트」에서 보듯 테니스는 '만인의 연인'이었고 그가 가장 사랑한 사람이었다. 그래서 고보희 시인은 삶의 돌파구로서 테니스를 했던 것이다. 테니스는 건강의 활력소였고, 친구를 만나는 유일한 공간이었으며, 쉴 새 없이 밀려드는 손님들을 접대하지 않아도 되는 공간이었고, 남편의 잔소리와 치다꺼리가 없는 공간이었다.

5. 믿고 의지해온 성모마리아

그러나 운동만으로 그녀의 슬픔을 풀 수는 없었다. 혼자서 결정할 수 없는 일에 대하여 물어볼 대상이 필요했다. 그것이 자식이나 남편이 될 수는 없었다. 그래서 그녀에게는 새로운 돌파구가 필요했다. 세상은 스스로 개척해야 하는 것이었고, 고보희 시인은 답답한 가슴을 의지할 대상이 필요했다.

2월 하순 새벽
새벽기도를 가려고 현관을 나선다
앞마당에 백설이 나를 반기는 듯
어둠을 꿀꺽 삼키고 윙크를 한다
(중략)

조심조심 목적지에 들어서니
성모상은 흰 옷을 걸친 채 윙크한다
잠꾸러기는 어디서 이 기분을 맛볼 수 있을까
뒤돌아보니 새하얀 발자국들이 나를 따라와 있다

지금까지 나를 데리고 다닌 사람은 나였구나

- 「발자국」 부분

육아 문제로 사직서 운운할 때
사직서 못 내게 두어 시간 설득한 나
어미 품 그리며 칭얼대던 남매에겐 내가 죄인이었지
15년 후쯤 너는 무엇을 할 것인가 생각해보라
자식에게 너의 전 생애를 바치는 것은 아닌 것 같다
두어 시간 어미의 설득에 사직서 거두고
지금은 대학생 아들딸을 둔 다복 한 가정
아직 현직에 있는 여식 너희들이 있기에
이 어미는 보는 것만으로도 흐뭇하다

- 「주일 특전 미사, 혹은 어미」 부분

그래서 그녀는 성모마리아를 믿었다. 성당에 나아가 머리를 조아리고 기도했다. 집에서도 성모상을 작은 책상에 모시고 늘 묵주를 돌리며 기도했다. 성부와 성자와 성신, 성호를 그을 때마다 그녀에게는 마음의 평화가 왔다. 용서할 수 있는 용기가 생기고, 사랑할 수 있는 힘이 생겼다. 결국 그녀의 예재시 「발자국」의 끝 두 행을 보면 그녀가 왜 그렇게 열심히 성당을 쫓아다녔는지 결론이 나온다. "뒤돌아보니 새하얀 발자국들이 나를 따라와 있다 //지금까지 나를 데리고 다닌 사람은 나"였음을 터득하였던 것이다. 그렇다. 일찍이 서정주 시인은 '나를 키운 8할이 바람'이라고 말했지만 '고보희 시인을 키운 8할은 고보희 시인 자신'이었다. 초등학교 5학년 때

피란을 나와 그 큰 목욕탕 건물을 일구고, 자식들을 최고의 지성으로 키워내고, 자신마저 초등학교와 중고등학교, 대학교와 대학원까지 공부할 수 있게 했던 것은 돈도, 가족도, 성모 마리아도 아니었다. "스스로 나는 공부해야만 한다." "나는 잘 살아야 한다." "나는 누구보다도 우뚝 일어서야 한다"며 스스로에게 가했던 채찍과 당근이었던 것이다. 예재시 「주일 특전 미사, 혹은 어미」는 딸아이의 가족과 함께 주일 특전미사에 가는 이야기다. 고보희 시인의 외동딸은 지금도 중학교 교사로 재직하고 있다. 그리고 지금은 건강이 악화되어 자주 까무러치는 고보희 시인에게 가장 지척에서 고보희 시인을 챙기고 모시는 자녀가 되어 있다. 그 딸아이가 시에서처럼 육아문제로 사직서를 내겠다고 말했을 때 어머니로서의 고보희 시인의 판단은 냉철했다. 그래서 어머니는 딸에게 "15년 후쯤 너는 무엇을 할 것인가 생각해보라"고 미래의 비전에 대하여 주문을 했다. 지금은 조금 힘들 수 있다. 그러나 자녀를 위하여, 가족을 위하여, 부모를 위하여 자신의 미래를 저버리는 것은 무모하다는 것이 고보희 시인의 판단이었다. 그리고 그 판단은 적중했다. 사람에게 있어 금전이나 명예의 수단보다 더 중요한 이유가 있으니 그것은 자기가 좋아하는 이을 한다는 것이다. 고보희 시인은 지난 수십 년 동안 살아온 집과 목욕탕을 정리하고 8월 22일 딸의 앞집으로 이사를 했다. 교사로서 보람과 긍지를 가지고 어머니까지 돌볼 수 있다면 일석 삼조의 효과인 것이다. 그 딸과 그 가족에게 응원의 박수를 보낸다.

6. 사랑하고 존경하는 시

그녀에게 정말 하고 싶었던 것이 있었다면 첫 번째는 공부였고, 두 번째는 시쓰기였다. 시쓰기 역시 공부의 일환이기는 하지만 엄연한 면에서 공부는 못 배운 것에 대한 한을 풀고 싶은 것이었고, 시는 지금까지 목욕탕 같은 허드렛일을 한다는 생각에서 벗어나 나도 자식에게 떳떳한 지식인이 되고 싶었던 것이다. 그래서 고보희 시인은 늘 "어떻게 하면 좋은 시를 쓸 수 있을까?"에 노심초사했다.

삼대가 모이기 어려운 여건에도 모두들 모였다
점심은 저마다 각각 마련한 음식라다 맛도 제각각이다
딸이 새로 산 메이커로 내린 냉커피를 내오고
밀린 대화가 한참동안 어우러진다
시간은 왜 이리 쏜살같이 달아나는 걸까
힐끔힐끔 시계를 본다
아이들 과외공부를 보내야 한다며
기말고사 때라며 썰물처럼 빠져나간다
(중략)

모두들 떠나고 음악과 시만 남았다
외로움을 극복하는 것은 음악과 시를 친구 삼아 사는 것
그러나 시는 왜 그렇게 높은데 계시는지

-「높은 곳에 사는 시」 부분

나는 그를 사랑한다

그런데 그는 늘 내게 멀어져가려 한다
그래도 나는 자꾸만 다가서고 싶다
그러나 그의 곁에서 함께 하기란
산 넘어 산이다
짝사랑을 한 지도 수년이 흘렀지만
그의 내면의 실상은 어디까지인지
격이 높은 그와 친해지려는 욕망은
분수에 넘는 일인지 반성해본다

- 「야속한 그 - 詩」 부분

최근 몇 년간 그녀에게 최대 관심사는 좋은 시를 쓰는 것이었다. 좋은 시라는 말처럼 허무맹랑한 말은 없다. 어떤 시가 좋은 시란 말인가? 일찍이 유명 시인들은 내 마음에 드는 시가 좋은 시라고 말한다. 그런데 고보희 시인은 그렇게 생각하지 않는다. 지금 내 마음을 위로하고 있는 시, 지금 내 생각을 밖으로 대변해주고 있는 시, 지금 내 생각이 맞음을 스스로 긍정할 수 있는 시를 좋은 시라고 생각하는 그녀는 늘 시에 목마르다. 그녀에게 있어 시란 때로는 너무 높은 곳에 계시는 분 같기도 하고, 때로 는 아무리 불러내도 나오지 않는 야속한 사람 같기도 하다. 그렇게 열심히 몇 년 동안 중앙대학교와 고려대학교를 오가면서 그의 시 실력은 출중하리만치 좋아졌다. 괄목상대해졌다는 것이다. 예재시 「높은 곳에 사는 시」에서 보면 지금 현재 고보희 시인에게 시는 유일한 친구이다. 아들 딸도 때가 되면 자기의 집으로 돌아간다. 손자 손녀도 어미아비의 품으로 돌아간다. 그리고 놀아도 저희

들끼리 논다. 결국 고보희 시인은 혼자 남겨진다. 그러면 그 때마다 시인은 시를 만난다. 고보희 시인에게 있어 시란, 황해도에서 함께 피란 나온 동창이며, 죽은 동생들이며, 고향의 앞마당이다. 그래서 그는 시의 사립문을 열고 들어가 스스로 고향을 지어놓고 그 속에 산다. 그래서 예재시 「약속한 그 - 詩」에서 "나는 시를 사랑한다."고 분명하게 말한다. 사랑이라는 것은 하는 쪽이 행복하다. 일찍이 유치환 시인은 "사랑하는 것은 사랑을 받느니보다 행복하니라."고 말했다. 고보희 시인 역시 평생 사랑을 받기보다 사랑을 해온 사람이다. 그녀가 가족에게 했던 아가페적 사랑처럼 그 사랑은 시로도 옮겨온다. 그러나 고보희 시인이 잘 안 되는 부분이 있었으니, 그것은 자신에게 처해진 협소한 주변 환경 때문이었다. 매일 같이 좁디좁은 목욕탕 매표창구에 앉아있어야 하는 그녀에게 보이는 것이라고는 한뼘 남짓한 반달형 유리 구멍뿐이었다. 그곳으로 내다보는 세상은 좁았다. 하늘은 편협했다. 사람들은 손만 보였다. 그러니 그녀가 시를 사랑하고 싶어도 시의 얼굴이 보이지 않았던 것이다. 비로소 고려대 평생교육원 시창작과정에서 만나는 학우들은 시험을 봐야하는 학업이 아닌, 함께 즐기는 동료서의 공부가 세상으로의 그녀의 눈을 뜨게 했던 것이다. 필자는 덕수궁과 전쟁기념관, 국립중앙박물관으로 고려대 평생교육원 시창작과정 제자들과 야외수업을 간 적이 있다. 그런데 고보희 시인은 효창동이란 서울의 도심에 살면서 덕수궁과 전쟁기념관과 국립중앙박물관이 그녀의 집에서 불과 10Km반경에 있었음에도 팔십 평생 처음 와본다며 즐거워했다. 그래서 시를 쓰러 다니는 고려대 시창작과정은 그녀에게 있어 동심을 되찾는 과정이었고, 용서의 과정이었으며, 사랑의 대상에 대한 확신을 가지는 과정이었다는 생각이 든다. 그래서 '좋은 시를 만나는 것이 산 너머 산'이고 '시를 짝사랑해온 지도 수년이 흘렀'다고 하지만 "격이 높은 그와 친해지려는 욕망은 / 분수에 넘는 일인지 반성해본다"고 하지만 결국 두 권의 시집을 상재하는 쾌거를 올리고, 함께 공부해온 동료들과 자녀손자들의 가슴에 지지 않는 불꽃이 된다.

7. 재개발에 대한 원망

그녀에게 있어 재개발은 삶의 터전을 잃어버리는 일이다. 그래서 자기의 집 한 켠에 재개발반대대책투쟁위원회 사무실을 내주고 날마다 대책회의를 했다. 그런 과정 속에서 얼마나 속이 뭉그러지고 떨렸을까? 그러나 결국 대기업과 정부를 상대로 투쟁을 한다는 것은 계란으로 바위를 치는 일이었다.

우리 동네가 재개발을 한단다

그가 30년 묵은 뿌리를 뽑겠다고 우격다짐으로 덤벼든다
누구에게도 방해되지 않는 6차선 도로변 우뚝 선 나무
그는 말 못하는 약자를 마구 흔들어댄다
그냥 예전처럼 시원한 그늘
싱그러운 운치 속에 살고 싶다
찬반 숫자 놀음으로 원주민의 목을 조이는 그
안방까지 밀고 들어와 짓밟는
그를 수용할 수 없다

국민의 사대의무 다한 무명초의 가슴이 무너진다

- 「무슨 잘못을 했다고 내게」 부분

이웃들과 재개발에 반대하는 대책반을 꾸리고
포도넝쿨 아래 천막을 쳤다
포도넝쿨이야 나중에 다시 풍성한 모습을 보이겠지 싶었다
수년이 지나고 나니 넝쿨이 새로운 길을 내느라
일부 가지는 스스로 죽이고 다른 길로 나왔다
전 재산이 걸린 싸움이라 절박했다
(중략)

재개발 무산은 내 희망일 뿐이겠지만
하늘의 뜻은 분명 풍성한 포도넝쿨을 보는 것일 테니
올 여름엔 제법 넝쿨 밑에서 시집을 읽고 싶다
포도나무야 미안해

-「포도나무에게 사과한다」 부분

그녀는 재개발로 많은 고초를 겪으며 고민을 해야 했다. 건설사가 재개발을 시행하려면 철거반을 동원하기 마련인데, 그들은 보통 조직폭력배 같은 사람들이 동원된다. 그러니 그런 사람들 앞에서 풀꽃 같이 여린 고보희 시인이 얼마나 마음이 졸이고 아팠을까는 짐작이 간다. 인용시 「무슨 잘못을 했다고 내게」에서 보면 고보희 시인의 심정이 이해된다. 평생 욕 한 번 안 해본 사람, 남에게 손톱만치의 피해를 주어본 적도 없는 사람, 그런 하늘거리는 풀꽃처럼 여린 고보희 시인에게 재개발을 시행하는 자, "그가 30년 묵은 뿌리를 뽑겠다고 우

격다짐으로 덤벼든다"니 얼마나 억울할까? "찬반 숫자 놀음으로 원주민의 목을 조이는 그 / 안방까지 밀고 들어와 짓밟는 / 그를 수용할 수 없다"고 하지만 강자 앞에서 약자는 결국 수용하고 말았다. 그러니 꼬박꼬박 세금 내고, 아이들 군대에 보내고, 교육 잘 시키고, 열심히 일해 온, "국민의 사대의무 다한 무명초의 가슴이 무너진다"고 하는 시구를 읽으며, 읽는 사람의 가슴도 무너진다.

그런데다가 고보희 시인은 「포도나무에게 사과한다」라 인용시에서처럼 자신의 집 뜨락 안에 "이웃들과 재개발에 반대하는 대책반을 꾸리고 / 포도넝쿨 아래 천막을 쳤다"고 한다. 날마다 이웃들이 몰려와 재개발반대 회의가 열리면 '죽음을 불사한다.'거나, '죽어도 못나간다.'는 말과 '이럴 때일수록 힘을 합쳐야 한다'며 머리에 '투쟁'이란 띠를 두른 사람들이 왔다 갔다 하는 집이라 생각하니 생각만해도 무섭고 몸서리가 쳐진다. 그런데 그런 틈바구니에서 몇 년을 견디려니, 그 마음이 어떠하겠는가?

그러나 결국 고보희 시인과 재개발반대대책위원회는 시공사의 강압에 못 이겨 포기를 하게 된다. 그리고 지난 8월 22일, 마침내 30년 동안 살았던 집과 목욕탕 건물을 억지로 헐값에 떠넘기려는 그들의 만행에 지친 나머지 이사를 하게 되었던 것이다. 따로 들은 이야기지만 목욕탕 내의 보일러며 집기류, 가구류, 전자제품류 등의 가격은 전혀 받지 못했다고 하니, 그 역시 억대를 호가하는 비용인데 그냥 포기했다고 한다.

고보희 시인은 연만하신 연세이긴 하지만 매우 건강하셨는데 이사가 결정된 이후 급격히 체력이 떨어지고 건강이 악화된다. 그래서 결국 쓰러지기를 반복하다가 이렇게 혼자 지내게 해서는 안 되겠다는 가족의 결정으로 딸의 앞집으로 이사를 하게 되었던 것이다. 남은여생이나마 건강하게 사시길 기도한다.

8. 전쟁과 가난으로부터 일어서다

고보희 시인에게 시련은 너무나 일찍 찾아왔다. 6.25전쟁이 터지기 전 공산정권의 악정은 날로 심해져갔다. 어머니는 여기서는 더 이상 사람의 취급을 받으며 살 수 없다는 것을 직감했다. 그래서 결국 1948년 2월 초에 목숨을 건 월남길에 오른다. 그리하여 낮에는 토굴이나 산속에서 숨어 지내고 밤으로만 걷고 또 걸어 3월에 마침내 삼팔선을 넘어 월남에 성공했던 것이다. 월남은 그녀의 삶 전체를 이끈 획기적이고 도전적인 기회였으며, 그녀의 발목을 잡은 아킬레스건이기도 했다.

38선 부근에 머물다 야밤에 숨죽여 걸었다
인적 없는 산골 숨죽이며 가랑잎 밟는 소리가 온 산으로 울려퍼진다
안내자 영감이 엎드리면 우리도 같은 자세로 엎드린다
기침을 하고 일어나면 우리도 일어난다
어이가 없다 말보다 행동을 따라 하며 걷고 또 걷는다

갑자기 창을 든 인민군 5,6명이 뛰어 나온다

우리는 전원 포위되었다
목에 창을 들이대며 찌를 듯하다
우리는 속으로 죽여라 죽여 하며 긴장이 고조된다
차라리 올 것이 왔구나 싶었다
그 후 수용소로 몇 번 이동하며 죄수취급을 당한다
소금물에 뭉친 주먹밥을 조석으로 준다
그것도 이동이 많아 때를 놓치면 굶는 날이 많다
천신만고 끝에 큰언니가 밥을 수용소로 넣어주었다
십 여일을 찾아다닌 큰언니의 눈물어린 먹거리다
수용소 안의 전원이 손을 내민다
조금씩 나누어 먹었고 깍두기 국물만 남았다
한 청소년이 '그것은 저를 주세요' 한다
짜고 매울 터인데…
수줍은 그 학생에게 밥 한 술 줄 것을
죽을 때까지 잊혀지지 않는 안타까운 추억이다

-「삼팔선 · 1」

개천에 모두 엎드렸다
저기 희미하게 보이는 곳은 이남입니다
삼팔선 부근까지 왔어요 라며
영감님은 손짓하며 망을 보더니 가자고 한다
아이들이 감기가 걸려 기침을 하면 만사가 허사입니다
어머니는 기다릴 수 없다는 듯 재촉하셨다
허리를 꾸부리고 죽을힘을 다해 뛰었다
개천을 넘어 언덕으로 올라선 안내자 영감님은 소리질렀다
이남이다…
천신만고 끝에 이남 땅을 밟았다

1948년 2월부터 시작해
잡혔다 풀려나며 한 달을 걸어서 3월에 이 땅을 밟았다

– 「삼팔선 · 2」

초등학교 5학년이었던 어린 고보희에게 어머니는 아침에 학교에 가려고 할 때 "오늘 저녁에 우리는 남쪽으로 갈 거다. 너도 가고 싶으면 저녁 공부는 하지 말고 집으로 와라. 안 오면 안 가고 싶은 것으로 알겠다. 남으면 언니가 공부는 시켜 줄 것이다."라는 말을 하셨다고 한다. 어린 고보희는 오전에는 따라갈 마음이 없었다고 한다. 그런데 오후가 되자 공부시간 어떻게 할 것인가를 고민해야 했고 저절로 몸이 일어서더란다. 결국 어린 고보희는 자유를 택한다. 그리고 며칠 밤낮을 걸어서, 인민군에게 붙들려 갖은 고초를 겪으면서도 결국 자유의 땅을 밟았던 것이다. 인민군에게 붙잡혀서 목에 창을 댈 때 심정은 어떠했을까? 소금물에 뭉친 주먹밥을 얻어먹으며, 그것도 이동하는 날에는 굶기를 밥 먹듯 하고 있었는데 큰언니가 천신만고 끝에 찾아와 밥을 넣어준다. 그때 가족의 소중함을 느낀다. 그런데 어떤 나이어린 소년이 남은 깍두기 국물을 달라고 손을 내밀던 일이 지금도 머리에서 떠나지 않는 것이다. 그때 "수줍은 그 학생에게 밥 한 술 줄 것을"라며 죽을 때까지 잊혀지지 않는다고 하는 고보희 시인에게서 참다운 인간의 정을 느낀다.

1948년 월남 후 입은 풀기 말라 바삭바삭 타들어가고
장마철 성냥은 붉은 모자 벗겨져 민둥머리에

축축한 아궁이 불쏘시개도 부실했다
보물 인양 머리맡에 놓고 자던 성냥
불씨 하나 살릴 수 없는 여름날 아침
쌀이 없는 날은 체념이 쉬웠다
습도에 무릎 꿇은 성냥
라이터도 없던 시절 산골도 아닌 인천
성냥 한 개비 없어 물로 배를 채웠다
이웃도 없는 판잣집 우렁이 눈 여덟 개
쌀만 있으면 굶지는 않을 줄 알았는데
물과 쌀 합방시켜도 서로 냉랭히
솥에서 졸고 있었다

– 「성냥 한 개비」 부분

월남 후 어느 해 1월 1일 새벽
온 동네가 웅성웅성한다
나는 그들을 따라 나선다
휘발유 파이프가 터졌다고 한다
어른들은 장화차림이고 장화가 없던 나는
개펄에 들어서니 고무신은 벗겨져 맨발이 된다
어깨에는 물지게 첫 발을 디디자마자 시리고 저려온다
끝내 발에 감각이 없다

고랑에서 휘발유 두통을 퍼담아 나오려는 순간
미군이 들이닥쳐 꽝꽝 공포탄을 쏜다
나오라는 신호다
내용물을 버리고 나가면 처벌은 없다고 한다
몇 명씩 나가니 서너 명이 남았다

집에는 어머니와 동생들이 굶고 있다
얼마 후 총소리는 멎고 조용해진다
감각이 없어진 다리로 푹푹 빠지는 개펄을 조심조심 나온다
휘발유는 출렁출렁 반통 남짓

끝까지 남은 자는 나 혼자였다

어머니의 마중을 받자 그 자리에서 쓰러진다
병원 한 번 못가고 일어서지도 못한 그해 겨울을
그렇게 보내야만 했다

– 「나는 장화가 없었다」 전문

월남민의 생활 1950년대 초 쌀을 조금 구했다
땔감 부족으로 잔디 뿌리까지 남아나지 못하던 시절
쌀이 있어도 나무가 없으니 밥을 먹을 수 없었다
살고 있는 판잣집 벽을 뜯어 불을 지피기도 했다
그것도 한 두 번이지 나무가 없어 밥을 지을 수가 없다
사리 때 인천 바다로 향했다
군부대 철조망 부근의 갈대밭
어설픈 낫질에 미끈미끈 베어지지 않는다
보초병은 안타깝다는 듯 내려다보고 있다
조급한 마음은 갈대 몇 번 자르다 내 새끼손가락을 자른다
아픈 것보다 당황하고 두려운 것이 앞선다
치마를 찢어서 졸라맨다
마음은 더 조급해 진다
고랑으로 물이 슬슬 들어오고 있는 듯하다
내 살을 깎으며 갈대 한 짐 베어 지고
헉헉 빠져 나온 인천 용현동 갯벌

그 후 낫만 보면 아린 추억에
눈앞이 아른거린다

– 「갈대밭의 추억」 전문

내가 어렸을 때만하더라도 시골에서는 부싯돌로 곰방대에 불을 붙여 담배를 피우던 사람이 있었다, 1970년대에 들은 이야기지만 독일 사람들은 근검해서 사람 셋이 모여야 성냥 한 개비를 켠다는 말을 들은 적이 있다. 그런데 하물며 인용시 「성냥 한 개비」에서 말하는 1948년도에 무렵의 성냥은 너무나 귀한 것이었을 터이다. 그땐 성냥이 조금 눅눅해도 잘 일어나지 않았을 것이다. 그런데 성냥이 있으면 무얼 할까. 쌀을 조금 구해서 밥을 지어먹고 싶었지만 성냥이 없어 불을 켜지 못하고 솥 안에는 생쌀만 가득하다. 쌀만 있으면 배가 고프지 않을 줄 알았는데 성냥이 없어 밥을 짓지 못했다는 시인의 말에 가슴이 아린다.

인용시 「나는 장화가 없었다」는 필자가 이 시집의 제목으로 정한 시다. 시집의 제목이 될 만한 시는 많이 있었다. 그러나 지금 우리가 고보희 시인에게 듣고 싶은 말은 6.25전쟁과 가난으로부터 어떻게 벗어나왔는지에 대한 증언이다. 풀꽃에 대한 관찰과 사물에 대한 고찰은 어느 시인에게서나 들을 수 있는 시이지만 이제 6.25전쟁을 전후로 고생스런 경험담을 들려줄 시인은 그리 많지 않다. 밝고 환한 시를 시집의 제목으로 삼을 수도 있었겠지만, 이처럼 가슴 아린 시를 고보희 시인의 두 번째 시집 제목으로 『나는 장화가 없었다』로

정한 이유는 근대화시대로 넘어오는 과정 속에서 우리의 부모님들이 얼마나 많은 고초를 겪으시며 살아오셨는가를 후세들에게 들려주고 싶었던 것이다. 1월 1일 새벽, 미군부대로 지나가는 송유관 파이프가 터졌다. 사람들은 손에 손에 들통을 하나씩 들고 휘발류를 받으러 간다. 13살의 고보희는 물지게를 지고 휘발류를 받으러 어른들과 함께 뻘밭으로 들어간다. 어른들은 장화를 신고 들어갔지만 어린 고보희는 고무신차림으로 들어가서 신발이 벗겨지고 만다. 고랑에서 두 통을 받아 나오려고 하니 미군이 공포탄을 쏜다. 어린 고보희는 바짝 엎드린다. 1월 1일의 바닷바람은 고보희의 발을 꽁꽁 얼게 만든다. 순간 집에서 굶고 있는 가족이 생각난다. 저 휘발유를 물지게에 지고 나가면 쌀을 살 수 있다. 결국 그녀는 꽁꽁 얼어 무감각해진 발로 출렁거리며 반쯤 남은 휘발유를 지고 나오지만 그의 발은 심하게 동상에 걸려 그해 겨울은 갈 돈이 없어 병원에도 가지 못하고 집에서 나오지 못하고 일어서지도 못한 채 보내야 했다. 정말 가슴이 아리고 눈물이 나와 읽을 수가 없다.

인용시 「갈대밭의 추억」은 갈대밭에서 사랑을 나누었다거나 갈대밭에 숨어 사랑하는 장면을 보는 등 로멘스적인 추억이 아니다. 식구를 먹여 살리기 위해 손가락을 벤, 피맺힌 한의 추억이다. 쌀이 있으면 성냥이 없고, 성냥이 있으면 땔감이 없다. "쌀이나 있으면 나무나 꾸어다가 밥이나 해먹으려고 했더니 성냥이 없더라."는 말도 아마 이때 생겨난 것 같다. 아무 것도 없지만 있는 듯 살아온 부모님 세대를 풍자한 말 같다. 인천의 용현동이라 하는 곳은 바닷가의 마을이었기 때문에 나무라고는 물고기를 담아 팔던 판자로 된 상자뿐이었을 것이다. 그것도 모두들 판잣집을 짓느라 사용하고 밥을 지으려고 해도 나무가 없으면 굶을 판이었다. 그래서 어린 고보희는 백중사리 때 군부대 옆에 있는 갈대밭에 갈대를 베러 들어간다. 초소에서는 총을 든 군인이 안타까운 듯 내려다보고 낫질에 서툰 고보희는 그만 손을 베어 치마를 찢어 감고 슬슬 물이 올라오는 갯벌에서 갈대 한 짐을 지고 나온다. 남자아이의 이야기가 아니다. 14살 여자아이의 이야기다. 그땐 누구건 일을 해야 했다. 소꿉친구도 공기놀이 친구도 6.25전쟁에 빼앗긴 고보희 시인, 그래서 배움을 가난에게 빼앗긴 고보희 시인은 평생 배움에 목말라 해왔고 마침내 그 소원을 풀은 것이다.

이 시집은 시인 고보희로서 두 번째 시집이다. 첫 번째 시집은 이승하 시인이 해설을 썼는데 그때만 해도 시의 제목이 '가을'이라든지 '목욕탕' 등과 같이 한 단어에 불과했다. 그러나 이제 고보희 시인의 시는 본격 현대시를 지향하면서 완성도가 매우 높아서 누구한테 내 놓아도 부끄럽지 않은 시를 쓰고 계신다.

고보희 6.25때 초등학교 5학년에 피란을 나와 75세가 넘어 공부를 시작하셔서 검정고시로 초등학교와 중학교, 고등학교를 마친 대단하신 분이다. 대학교와 대학원을 다닌 분이다. 대한민국평생교육대상을 받은 분이다.

나는 성공이라는 말을 자주 한다. 성공이라는 말은 여러 가지다. 성공이라는 말은 지극히 주관적이다. 우리나라가 이렇게 잘 살게 된 것도 성공이고, 한 사람이 열심히 공부해서 판검사가 되어도 성공이지만, 농부가 척박했던 땡에 거름을 잘하고 감자농사를 잘 지어도 성공이며, 과일나무에 열매를 튼실히 키웠다면 그 역시 성공일 것이다. 그렇다면 고보희 시인은 크게 성공한 분이다. 우선 자녀 농사를 대단하게 지으셨다. 게다가 쌀과 나무, 성냥 한 개비 없어서 밥을 지어먹지 못하던 고보희 시인이 큰 건물의 주인이 되었으니 이 또한 대단한 성공이 아닌가? 그러나 이는 까치도 너구리도 하는 성공이다. 짐승도 집을 짓고 자식을 키운다. 사람이라면 적이 사람처럼, 사람다운 성공해야 한다. 그것은 그녀가 초등학교 5학년에 다니다 월남을 하여 검정고시로 대학원까지 다니게 되고, 시인이 되며 이처럼 아름답고 귀하고 눈물나는 시집을 두 권이나 상재하셨으니 이는 에베레스트 산을 오른, 작은 배로 태평양을 횡단한, 걸어서 세계를 일주한 사람과 버금가는 성공이라 생각한다.

고보희 시인은 자녀들에게 정말 위대한 어머니요, 이웃에는 성모 마리아다. 몸소 먼저 솔선수범하셨으며, 어려움에도 좌절치 않으셨으며, 정말 귀한 사랑을 베푸셨다. 누구에게 단 한 번 손가락질 받을 일을 않으셨고, 평생 겸손과 사랑으로 일관하셨다. 늘 공부하는 자세로 임하셨으며 스스로의 건강을 지켜 자녀들에게 누가 되지 않으셨다. 게다가 부족한 나에게 기꺼이 치마폭을 내어주셔서 어머니를 자처하신 고보희 어머니께 드리고 싶은 말은 "존경하고 사랑합니다."라는 말뿐이다. 시집 상재를 축하드린다.

어머니 오래오래 건강하게 사세요.

15

고보희 시집

나는 장화가 없었다

초판인쇄일 2015년 9월 14일
초판발행일 2015년 9월 25일

지은이 : 고보희
펴낸곳 : 도서출판 문학공원
발행인 : 김순진
편집장 : 전하라
디자인 : 김초롱
등 록 : 2004년 3월 9일 제6-706호
주 소 : (우편번호 130-814)서울 동대문구 난계로 26길 17호
삼우빌딩 C동 302호 스토리문학사
전 화 : 02-2234-1666
팩 스 : 02-2236-1666
홈페이지 : http://cafe.daum.net/yob51
이메일 : 4615562@hanmail.net

※ 잘못된 책은 교환해 드립니다.
※ 책값은 뒤표지에 있습니다.